多層性とダイナミズム

沖縄・石垣島の社会学

関礼子・高木恒一 編著

東信堂

はじめに

関　礼子

　「異文化理解」という言葉に、居心地の悪さを感じることがある。日本では、異なる国、異なる国の民族への理解を促すという場合に用いられることが多いからだ。異文化かどうかを分けるのが国境であれば、国境の内には暗黙裡に単一民族、単一文化が前提にされていることになる。

　だが、既に2008年の国会で「アイヌ民族を先住民族とすることを求める決議」がなされ、日本は国家として単一民族国家の幻想を否定した。ユーラシア大陸の東に、東西と南北それぞれに約3,000kmの弧を描く日本は、亜寒帯から亜熱帯まで気候も変化に富み、自然や文化も多様である。この多様性によって、「地域」はそれぞれに個性的な相貌を持ち、ときに異文化を意識せざるをえないほど強烈な精彩を放つ。都市があり、平地の暮らしがあり、川辺の暮らしがある。山人やマタギの奥山の文化があり、照葉樹林の文化があり、里山の文化がある。遠洋漁業に沸いた町があり、養殖漁業に活路を見出した町があり、魚市場に観光客を集める町がある。雪国の知恵があり、南国の知恵がある。日本のなかにも「異文化」が溢れている。

　なかでも沖縄は、ひときわ差異の引き立つ歴史的背景を持った社会として、失われた日本の原型を示すものとして、日本復帰後には経済的に「遅滞」し、あるいは構造的格差の問題が凝縮した地域として、分厚い研究が蓄積されてきた。こうした沖縄研究のうえに、本書は「もうひとつの沖縄」を重ねたい。

　ここでいう「もうひとつの沖縄」とは、「沖縄」に回収されない独自の文化と歴史を持つ一島一市（ただし、市域としては無人島の尖閣諸島を含む）の石垣島／石垣市（以下、石垣）である。複数の島からなる竹富町の役場が置かれていることに象徴されるように、石垣は、八重山諸島の経済的・政治的・文化的

ネットワークの結節点である。トカラ列島の三島村や十島村が鹿児島市に役場を置いて、県庁所在地に直結したネットワークを結んでいるのとは異なり、八重山は石垣を通して県庁所在地である那覇から相対的に独立した八重山ネットワークを持っている。

沖縄が「日本」を相対化する鏡であるように、八重山は「沖縄」を相対化していく。その結節点である石垣は、「合衆国」とも呼ばれる。石垣は、移動によって特徴づけられる、多層的な社会である。四箇字と呼ばれる古くからの集落だけでなく、八重山の他島や宮古、沖縄本島、台湾と、さまざまなルーツを持つ移民集落があり、集落としての独自性を持ちながら、総体として石垣らしい文化と社会を形成してきた。本書が照準をあてるのは、「石垣らしさ」を生み出してきた人々の、「生きられた世界」である。石垣に生きる人々の時間と空間には、境界、資源、エスニシティ、ナショナリティといった諸概念を融解し、脱構築を迫ってくる「生の実存」がある。

本書の目的は、第一に、社会学的なアプローチから石垣社会の多層性を描き出し、沖縄研究の一断章にとどまらず、石垣という場から現代社会をひも解く視野を構築していくこと、既存の概念に問いをはさみつつ概念を豊富化することである。また第二に、石垣社会のダイナミズムのなかで多層性を捉えることである。

多層的でダイナミズムに溢れた石垣には、学術のフロンティアがあり、新しい思想を拓いていくヒントがある。2006年に工事が始まり、2013年に開港した新石垣空港（南ぬ島石垣空港）は、石垣のダイナミズムを加速させてきている。2007年には、新空港建設用地で洞穴遺跡（白保竿根田原洞穴遺跡）がみつかった。遺跡からはヒトの頭蓋など全身の骨片23体分が出土し、放射性炭素年代測定の結果、国内最古の人骨であると報告された（仲座2015）。遺跡は現地保存されることになり、調査の進展とともに、日本社会の多層性を考える有意義な議論が積み重なっていくだろう。

同じく2007年、新空港開港後の観光客の増加を睨んで西表国立公園が拡張され、石垣島の陸域や海域を編入した「西表石垣国立公園」が誕生した。

この公園の特徴は、「亜熱帯特有の自然景観と、このような自然環境の中での日々の暮らしで育まれてきた伝統的な沖縄らしさが息づく人文景観」だとされている（環境省HP）。しかしながら、石垣の公園指定陸域にあるのは、人の移入と後退を繰り返してきた移民の歴史であると同時に、戦後の移民集落の「日々の暮らし」でもある。守っていくべき「伝統的な沖縄らしさが息づく人文景観」は、石垣においては、現在を「生きる」「暮らす」人々がリアルにイメージできる時間のなかで形成されてきた人文景観である。「伝統的な沖縄らしさ」とは、石垣の人々の生活そのものが作り上げたということになる。

　羽田から3時間半、台湾からだと1時間弱のフライトで到着する石垣は、新石垣空港建設を契機にして時間と空間をダイナミックに書き換えてきている。この書き換えが、石垣社会に与えるインパクトは現在進行形である。2017年現在、羽田、中部、関西、福岡、那覇、宮古、与那国を結ぶ国内線ターミナルと、台湾、香港を結ぶ国際線ターミナルがある新石垣空港は、2018年度供用開始を目指してターミナルの拡充工事が進められている（八重山日報、2017年2月29日）。

　本書は、歴史を参照しつつ、このような動的な社会を動的なままに捉えていこうとするものである。1章では、移動のダイナミズムによって多層的に形成された社会でありながら、ひとつの「合衆国」を形成してきた石垣の歴史的経緯を、＜中心と周辺＞を相対化する「弧の思想」から省察する。マラリアの有病地を抱えていた石垣では、人頭税や明和大津波の復興のために強制移住で集落がつくられ、マラリアが流行すると廃村の憂き目を見た歴史がある。戦時中には軍の命令で住民が強制的にマラリア有病地に追いやられ、多くの犠牲者を出した。戦後にマラリアが撲滅されるまで、人の流入とマラリアによる押し戻しを繰り返してきた石垣には、八重山の他島や宮古島、沖縄本島、さらに本土や台湾にルーツを持つ人々がいる。こうした人と風土の歴史を振り返りつつ、「合衆国」の多様性を基層としながら「石垣らしさ」を形成してきた社会を素描する。

石垣のなかで「台湾系」が表象されるのは名蔵・嵩田地域のパイン産業である。2章は、日本統治下の台湾から石垣島に渡り、戦後にパイン缶詰産業の基礎を築いた廖見福を父に持つ島田長政のオーラル・ヒストリーに着目する。親子二世代にわたるライフヒストリーのなかで、パインは単なるモノとしての「資源」ではなく、自分史が投影された「資源」という意味世界を持つ。そこで論じられるのは、他者化され、行政依存のモノカルチャー的な「資源」としてのパインではない。「働きかけ」を通して「資源」を「地域化」することで、「資源」が地域社会における生き方を問いなおすものとしてのパインである。

　もちろん、石垣にはパイン以外の産業に従事する「台湾系」の人々もいる。3章は、市街地で暮らす人々の聞き取りから、「台湾系」というエスニックな「境界」の曖昧化について考察する。市街地で暮らす「台湾系」の人々の語りのなかで、帰化や台湾語の継承、「運び屋」の経験や料理店の経営など、人々が生き抜いてきた人生の諸契機において「台湾系」であることが立ち現れるが、「石垣で暮らしていく」ことを重視する生活のなかで「台湾系」であることは相対化されている。そこでは、従来のエスニシティ概念では捉えきれない、「生き抜く」ための「台湾系」が論じられる。

　「生き抜く」というキーワードは、沖縄本島北部からの戦後移民の生活にも通じている。彼らが石垣に持ち込んだ「共同売店」という仕組みを紐解くと、そこには「ゆいまーる（ゆい）」という、「生き抜く」ための共同性の世界が立ちあらわれる。都市化が進む中で石垣の共同売店は閉鎖があいついできたが、現在も存続する星野共同売店の事例に分け入っていくのが4章である。そして、この共同性が集落のみならず、石垣の市街地にある商店との共同性という重層構造のなかで成立していたこと、現在もなお集落の内外をつなぐ役割を維持していることを明らかにする。

　ところで、共同売店の発祥地である沖縄本島北部からの移民は、沖縄基地建設にともなう計画移民であった。土地を追われて移民した石垣に米軍基地はない。だが、現在、石垣には自衛隊基地を配備しようという動きがある。

八重山ではすでに与那国が自衛隊を誘致したが、観光業が地域経済を牽引している石垣では自衛隊誘致の「プル要因が弱く、自衛隊配備をめぐる力関係が相対的に複雑化しやすい状況にある」。5章は、この複雑さを地理学的な「スケール」という概念から分析する。そのうえで、自衛隊基地配備の賛否を政治的な対立に回収させるのではなく、新石垣空港問題を参照しつつ、どのように「生きる」か、「暮らす」かに関連する当事者の決定と選択の問題として考える。

　6章では、ネットワーク「ちむぐくる」による東日本大震災の被災者・避難者支援活動に着目する。「ちむぐくる」の活動は、官民が連携し、保革の別なく、地元石垣住民と移住者とが協働して展開された。ここでは、東日本大震災を石垣の地域的文脈のなかでいかに咀嚼（トランスレート）したかに着目し、被災地支援活動からみえる石垣社会について論じていく。

　最後に、7章では、統計データの中から見える石垣と、統計データでは捉えきれない石垣という観点から、石垣という「場」をフィールドワークする意味と可能性を、「辺境の視座」に立ち戻って考察する。

　これら各章を通して、石垣の多層性とダイナミズムから、画一化に抗する石垣の学術的、思想的インパクトを切り拓く一冊になることを願ってやまない。

参考文献

　環境省HP（https://www.env.go.jp/park/iriomote/point/index.html、最終閲覧2017年3月31日）.

　仲座久宜, 2015,「白保竿根田原洞穴遺跡の調査——2010（平成22）年度調査成果を中心に」『日本考古学』40:107-118.

vii

目次／多層性とダイナミズム──沖縄・石垣島の社会学

はじめに ……………………………………………………… 関 礼子 i

1章 移動の島の歴史的伸長 ……………………………… 関 礼子… 3
──弧の思想から合衆国・石垣を描く

1 沖縄に収斂しない沖縄……………………………………………… 3

2 中心をずらす「弧の思想」 ………………………………………… 5

3 「合衆国」という固有性 …………………………………………… 8

4 皮膚一枚下の凄惨な歴史 ………………………………………… 11

   4.1 人頭税と強制移住 ……………………………………… 12

   4.2 明和大津波と人口回復の148年 …………………… 13

   4.3 開拓移民と戦争マラリア ……………………………… 15

5 断絶と連続の島 …………………………………………………… 17

   5.1 戦後の移民とマラリア撲滅 …………………………… 17

   5.2 暴力装置としての開発を止揚する力 ……………… 19

6 「小指」を超える自画像 …………………………………………… 21

2章 パイナップルの両義性 ……………………………… 廣本 由香…27
──台湾移民二世のライフヒストリーにみる「資源」の「地域化」

1 「資源」の「地域化」 ……………………………………………… 27

2 「資源」と「環境」──名蔵・嵩田地域の土壌で育まれるパイン……… 28

   2.1 パインの生育環境 ……………………………………… 28

   2.2 名蔵・嵩田地域の環境 ………………………………… 29

3 他者化される「資源」──パインをめぐる台湾と八重山の歴史……… 30

4 パインに投影する自分史 ………………………………………… 32

   4.1 マンゴー農家としての島田長政 …………………… 32

   4.2 「人の移動」がもたらしたパイン …………………… 35

      4.2.1 台湾入植者とパインをめぐる地域社会の抵抗 (35)

      4.2.2 台湾人が切り開いた原生林とパイン生産の再生 (36)

   4.3 パインに翻弄される家族 ……………………………… 38

viii

4.4	パインから離れた「独立独歩」の農業 …………………	41
4.5	「働きかけ」がもたらす「主体性」 ………………………	42
	4.5.1 手間の省ける「換金作物」と呑み込まれる「働きかけ」(42)	
	4.5.2 「パインと歩み続ける」ことの「働きかけ」(43)	
5	「資源」の両義性──パインをめぐる地域の「可能性」 …………	44

3章　曖昧化する「境界」 ………………………………… 小松　恵…49
──石垣島市街地の台湾出身者への聞き取りから

1	見えにくい存在 ………………………………………………	49
2	石垣島の台湾系の人びと …………………………………	50
	2.1 台湾系の人びととは ……………………………………	50
	2.2 台湾系の人びとのエスニシティを捉えた研究 ………	53
3	「台湾系」では語りきれないもの ………………………	56
	3.1 名蔵から市街地へ──A氏 ……………………………	56
	3.1.1 名蔵での生活 (56)	
	3.1.2 帰化と氏名 (57)	
	3.1.3 台湾語の継承 (58)	
	3.2 「運び屋」──B氏 ……………………………………	60
	3.3 技術導入で「コック」に──C氏 ……………………	62
4	「エスニシティ」をこえて ………………………………	65

4章　集落を越えた「共同」 ………………………………… 落合　志保…69
──星野共同売店が結ぶもの

1	沖縄本島から始まった共同売店 …………………………	69
2	星野集落への入植と交通 …………………………………	72
	2.1 戦後の大宜味村から星野集落への移民計画 …………	72
	2.2 北部地域を支えた交通 …………………………………	74
3	星野集落民の生活 …………………………………………	76
	3.1 Aさんの生活からみる集落内の共同 ………………	76
	3.2 集落内外の「掛け」の変遷 ……………………………	78
4	現在の星野共同売店 ………………………………………	80
	4.1 星野共同売店の概要 ……………………………………	80

4.2	現在の卸屋とのつながり	82
4.3	配当の意味	84
4.4	共同売店の経営	84
4.5	共同売店と公民館、集落の行事	86
5	共同売店が生み出すつながり	87

5章　自衛隊配備問題から考える島の未来の選び方 …… 松村　正治…91
——地政学的思考よりも深い島人の経験的世界をもとに

1	当事者として応えざるをえない問い	91
2	石垣島における自衛隊配備問題の経緯	92
3	自衛隊配備をめぐる議論が空転する理由	96
3.1	自衛隊配備をすすめる地政学的思考	96
3.2	スケールの階層性・重層性と議論の位相	98
3.3	グローバル／ナショナルスケールと地政学的アプローチ	99
3.4	ローカルスケールと系譜学的アプローチ	100
4	参照すべき経験としての新石垣空港問題	104
4.1	新石垣空港問題の経緯	104
4.2	島に生きるための島を守る抗い	106
4.2.1	白保海上案への抵抗——山里節子さんのライフヒストリーを中心に(106)	
4.2.2	宮良牧中案への抵抗——田原信一さんのライフヒストリーを中心に(110)	
5	新石垣空港問題から自衛隊配備問題へ	113
5.1	NIMBYではなくNIABYへ	113
5.2	政治的な争いより深い地域主義	116
5.3	グローバルとの共振からナショナルとの接続へ	118
6	当事者として選ぶ島の未来	120

6章　島人と移住者の「ちむぐくる」……………………… 関　礼子…129
——東日本大震災被災・避難者支援のコミュニティ

1	地域による問題の咀嚼	129
2	沖縄県での被災・避難者受け入れ	130
3	「ちむぐくる」の結成と支援活動	132
3.1	官民の境を超えたネットワーク	132

x

　　3.2　多様性のネットワーク …………………………………… 134
　　　3.2.1　島民会議 (134)
　　　3.2.2　二重構造のネットワーク (139)
　　3.3　短期避難者の受け入れ支援 ……………………………… 142
　　　3.3.1　「ちむぐくる」が受け入れた短期避難者 (142)
　　　3.3.2　短期避難者を支援する避難者 (144)
　　　3.3.3　短期避難者の減少と活動の終了 (145)

4　避難者支援を咀嚼した地域の文脈 ………………………………… 146
　　4.1　明和大津波の記憶 ………………………………………… 146
　　4.2　ゆいまーるの島、癒しの島 ……………………………… 148
　　4.3　島のスタイルで境界を超える …………………………… 150

5　島人、Uターン、移住者の多層性 ……………………………… 151

7章　「場」としての石垣…………………………高木　恒一…157
──統計データの中の石垣と統計データから溢れる石垣

1　問題の所在 ………………………………………………………… 157
2　石垣の概要：統計データを中心に ……………………………… 157
　　2.1　石垣市の位置と人口 ……………………………………… 157
　　2.2　産業と労働 ………………………………………………… 160
3　石垣社会の多面性 ………………………………………………… 165
　　3.1　「辺境」あるいは「フロンティア」 …………………… 165
　　3.2　「移動」と「よそ者」 …………………………………… 167
　　3.3　「聖」なるものの遍在 …………………………………… 169
4　石垣という場 ……………………………………………………… 170

あとがき ……………………………………………… 高木　恒一　175

事項索引 …………………………………………………………… 178

人名索引 …………………………………………………………… 182

執筆者紹介 ………………………………………………………… 184

編著者紹介 ………………………………………………………… 185

多層性とダイナミズム
―― 沖縄・石垣島の社会学 ――

1章　移動の島の歴史的伸長
――弧の思想から合衆国・石垣を描く

関　礼子

1. 沖縄に収斂しない沖縄

　北緯27度から北緯24度に点在するサンゴ礁の島々からなる沖縄は、1975年の沖縄国際海洋博覧会以降、青い海と青い空、南国の自然と癒しのリゾートとして表象されてきた (多田2004、2008)。抜けるような青い空、白いビーチとエメラルドグリーンの海を抜きに、沖縄は語りえない。

　他方で、「沖縄にあるのは『青い海』だけではありません」とは、沖縄戦の体験や米軍基地問題、独自の歴史や自然、文化を紹介した『沖縄修学旅行』(新崎他1999: 1) である。関東地方の公立高校で航空機の利用が認められた1992年に出版され、版を重ねてきたこの本は、「多様な風土、文化をもつ地域が組み合わさってできている」、「豊かで陰影に富んだ"日本観"」をつくる入口が、「沖縄体験」だと述べる (同上: 278)。

　沖縄には画一的な"日本"を相対化する視点がある。だが、"日本"を相対化する沖縄もひとつではない。沖縄は、沖縄本島を中心とした沖縄諸島と先島諸島に大別され、さらに先島諸島は宮古島を中心とした宮古諸島と、石垣島を中心とした八重山諸島に分かれる。この区分は地理的なものにとどまらず、歴史的、政治的な差異を含んでいる。

　だが、私たちはこうした沖縄の差異性に無頓着であることが多い。それは、ヤマト (内地、本土) のなかで"沖縄"が想起させる諸事象を思い浮かべてみたときに明確になるだろう。サンゴ礁の島の青い海と青い空を除けば、"沖縄"とは、大抵が沖縄本島中心のイメージであるに違いない。"沖縄"問題

で表象されるのは米軍基地問題であるし、"沖縄"戦で表象されるのも米軍が上陸した沖縄本島の地上戦だろう。「沖縄離島」とか「もうひとつの沖縄」と呼ばれる宮古や八重山は、そこにはない。米軍基地ではなく自衛隊配備計画が問題になっている現状や、地上戦ではなく戦争マラリアで多数の犠牲者を出した歴史は、しばしば"沖縄"という文脈の脇に置かれてきたのである。

　日本史の教科書には書かれてこなかった歴史の多層性も、八重山からはまざまざと見えてくる。たとえば、沖縄では「民度の遅れ」を理由に、1890年の第一回衆議院選挙から22年遅れの1912年にはじめて衆議院選挙が実施された。だが、この選挙は宮古・八重山を除外した沖縄県で2名の議員を選出するもので、宮古・八重山が国政参加するのは1920年になってからである（大田1995: 408-445、琉球新報社2000: 318-320）

　さらに遡って1880年には、琉球処分に関連して沖縄諸島と宮古・八重山諸島との分島問題が惹起していた。分島問題とは、宮古・八重山を清国に分譲し、かわりに清国内での通商に有利な条件を得ようというものであった。分島は免れたとはいえ、沖縄本島以上に宮古・八重山を軽んじてきたヤマトのまなざしをシンボリックに語るエピソードである。

　このように、沖縄のうちにも"沖縄"で括りきれない多層性があり、画一的な"沖縄"像は相対化されることを免れ得ない。

　本章は、"沖縄"に収斂しない沖縄の、先島の、八重山の、石垣という風土の文化的歴史的固有性に着目する。またその固有性が、連綿と土地につながってきた人々の閉鎖性によってではなく、新しい集落をつくっては失ってきた流動的な社会に備わってきたことに照準をあてる。移動や移動のネットワークが、石垣の社会にどのようにして固有性を生み出したか。またその固有性が沖縄やヤマトとどのような連続性／不連続性を持っているのか。「弧の思想」を手掛かりに探ってみたい。

2.中心をずらす「弧の思想」

「弧」とは曲線をつくる一部であり、地形構造にまとまりのある群島を意味するが、ここでは"中心"と"周辺"を相対化し、"境界"をずらす圏域という膨らみを持たせて用いる。「弧の思想」は、地域性に富んだ文化や、歴史の固有性と連続性を示すもので、新しい文化圏を「発見」してきた「琉球弧」以来の思想的文脈に負っている。

奄美諸島から続く沖縄の島々を指す地理学上の「琉球弧」という言葉に、独自の文化圏の意味合いを含みこませた島尾敏雄は、日本島嶼が、千島列島から北海道中部に続く千島弧、本州弧、琉球弧から成る「ヤポネシア」であると論じた。

> 太平洋の地図をみる時、たいていわたしたちは、アジア大陸がまん中になった地図を見るわけですが、それをずらして、太平洋をまん中にして見ますと、まず、当初は何も見えないほどですが、よく見ると、ポリネシアなどはもちろんですが、もう一つ似たような島の群があり、それに「日本」という名前がついているのです。わたしはいっそのことそれにヤポネシアという名前をつけてみたらどうだろうかというのが、そもそものこの発想のはじまりなのです。(島尾1977: 47)

単一性のもとに地方の独自性や多様性を捨象する「日本」の接尾に、諸島を意味する「ネシア」をつけることで、島尾は大陸の影響のみならず太平洋諸島の影響を受けてきた奄美から八重山に至る琉球弧の、「日本」に飲み込まれない地域の固有性を描き出そうとした。

ヤポネシアは、日本という中央集権的な国家の中心をずらし、固定的な<中心─周辺>の枠をはみだしていく概念である。ヤポネシアに惹かれた谷川健一は、そこに「日本よりも古くかつ新しい歴史空間」(谷川1977: 61)を見る。

6

　　日本の各地方の歴史がそれなりの全体性をもって相対的独立性を持つ
ことを主張することが、まぎれもないヤポネシアの成立与件であるとす
れば、その一方では多系列で異質な時間を単系列の時間という一本の糸
に撚り合わせていったのが「日本」であり、そのために支配層が腐心し、
ときによっては糊塗と偽造をもあえて辞さなかったのが「日本」の歴史
である。(同上: 65-66)

　「縒り合せた糸をもう一度撚り戻す作業」(同上: 66)を迫ってくるヤポネシア
は、日本諸島に重なりつつ、「日本」からずれる視点を提示した。ヤポネ
シアのなかの琉球弧は、奄美と沖縄を隔てる鹿児島県と沖縄県との県境を超
えて、17世紀に薩摩が奄美を支配する以前のつながりと一体性を「琉球」の
なかに見いだした。そして、琉球弧という思想空間は、プラグマティックに
復帰後の住民運動をエンパワーメントしていく。奄美、沖縄、宮古、八重山
で展開された石油備蓄基地(CTS)反対運動などの住民運動は、「琉球弧の住
民運動」へと展開をみた。そこには、「琉球弧の歴史的文化的特性を住民運
動相互の結びつきのなかで活性化させよう」という意図があった(CTS阻止闘
争を拡げる会1981: 21)。
　また三木健(1988)は、琉球弧の島々を、ネシアとしての性格を失ってし
まった日本に連接するヤポネシアではなく、ポリネシア、メラネシア、ミク
ロネシアに接続する「オキネシア」と捉えた[1]。米軍が地政学的に沖縄を「太
平洋の要石」(Keystone of the Pacific)と呼んできたように、視点をずらして地
図をみると、なるほど琉球弧は太平洋文化圏の「ネシア」に連続している(図
1-1)。三木は琉球弧をヤポネシアではなくオキネシア文化圏とすることで、
琉球弧と「ヤマト」との文化的異相を捉えて日本を相対化し、「海に開かれた
インターナショナルな思想」として琉球弧の人々の「精神の共和国」を構想し
たのである(同上: 38)。
　日本諸島に接続するヤポネシア、太平洋諸島に接続するオキネシア。琉球
弧の島々の連続性は、しかしながら、弧の南端にある八重山からみると、八

重山はヤポネシアでもあり、オキネシアでもあり、そのどちらにも収斂されない「ネシア」である。

崎山直の「ヤイマネシア」（崎山 2000: 57）は、ヤイマ（八重山）を「島々そのもの、全体としてのヤイマ、島々と海の総体としての"ヤイマ"」と捉え、沖縄や日本、大陸の中国や朝鮮、東南アジアの歴史の潮流のなかで八重山の地域史を論じようとした。

琉球弧の「発見」以来の、ヤポネシア、オキネシアという「弧」としての地域文化圏に、第3の「弧」を結ぶ可能性の束として「ヤイマネシア」という八重山の歴史文化の固有性を加えたときに、"沖縄"に収斂しない「もうひとつの沖縄」は、どのようにトレースできるのだろうか。

図1-1　地図のなかの「ネシア」の連続性
出典：白地図（かんたんネット総合リンクサイト：http://kantan-net.main.jp/）を使用、再編集

3.「合衆国」という固有性

　石垣市（有人島では石垣島、以下同様）、竹富町（竹富島、西表島、小浜島、黒島、鳩間島、新城島、由布島、波照間島）、与那国町（与那国島）からなる八重山は、「島々と海の総体」（崎山2000）、「海と島々のネットワーク」（得能2007）である。

　近世には、海を越えて他島に通耕してきた歴史があり、人頭税を徴収するために琉球王国によって強制移住された歴史があった。明治期の開拓移民から戦後の集団移民まで、移民に次ぐ移民を受け入れてきた八重山は（**表1-1**）、「合衆国」と呼ばれる独自の社会を形成してきた。

　実際に、石垣市／島（以下、石垣）では、「ここは合衆国だから」という表現をよく聞く。1964年に誕生した石垣市は、八重山のネットワークの政治・経済・交通の中心である（**表1-2**）。人口は48,377人（石垣市住民基本台帳、2017年3月現在）。現在も移動性の高い歴史を継いだ社会があり、また観光という目に見えて移動を受け入れる産業の発展をみている。

　NHK連続テレビ小説「ちゅらさん」（2001年度上半期放映）で人気になった「離島ブーム」で、石垣は小浜島、竹富島、西表島など、島めぐりの観光基地として交流人口を大きく増やしてきた（**図1-2**）。2001年のアメリカ同時多

表1-1　八重山の移民の歴史

1	明治20年代の首里・那覇士族のシーナ原開拓（石垣島） 置県後の失業士族救済として実施された。1891年に「八重山開墾規則」で八重山の土地貸与が解禁され、1892年から開墾が進められる。1885年の久米島大原開墾に次ぐ開墾事業。
2	明治20年代の中川虎之助の名蔵開拓（石垣島） 　徳島の実業家・中川虎之助が四国を中心に移住希望者を募り開墾、八重山糖業株式会社（1895-1898）を設立。八重山糖業解散により解雇された人のなかには、台湾に渡る人もあった。
3	明治期の糸満漁民の進出（石垣島） 　明治中期ごろから出稼ぎと定住が混在するかたちで四箇字（新川、石垣、大川、登野城）に進出。「糸満売り」と呼ばれる年季奉公の子供たちの就労は戦後まで続いた。

4	明治・大正期の大和・那覇寄留商人の進出 (石垣島) 　1883年の丸一商店 (尚家)、1885年の浜崎商店 (鹿児島商人) の進出を皮切りに、鹿児島、徳島、香川などから商業進出。大正期からは那覇商人が進出、八重山の商業中心地を形成した。現在の「ユーグレナモール」「銀座通り」がこれにあたる。
5	大正期本土カツオ漁業の進出 (石垣島、小浜島、鳩間島、波照間島、与那国島) 　明治後期に糸満漁民から始まったと思われるカツオ漁は、大正期に隆盛をみるが、沖縄本島や他県からの就業者が中心で、八重山の生活とは没交渉であった。太平洋戦争が始まるとカツオ漁は衰退、1983年頃に終わりを迎えた。
6	西表炭坑の本土・台湾坑夫の進出 (西表島) 　1885年から三井物産会社が採掘開始。沖縄本島から囚人労働を移入するも1889年には事実上撤退。大倉組 (1895-1899年)、沖縄広運会社 (1897-1907年) と事業が引き継がれる。大正時代になると八重山炭鉱汽船 (1906-1921年)、沖縄炭鉱 (1918-1924)、琉球炭鉱 (1921-1932年、河野合名会社に改称) の三大炭鉱をはじめ大小炭鉱会社が採炭、西表炭鉱は全盛期を迎える。抗夫に沖縄県人、他府県人、台湾人など。輸出先は台湾、香港、上海、那覇など。太平洋戦争末期に探鉱施設は爆撃を受け、米軍占領下で採炭がされたが1960年初頭にすべての採炭中止。
7	昭和10年代台湾人農業移民 (石垣島) 　1935年にパイン栽培農家50戸330人が台湾より移住、パイン栽培を開始。大同拓殖株式会社設立、パイン缶詰を製造するが、戦中にパイン生産が禁じられる。戦後にパイン生産、缶詰製造を再開。
8	戦時下沖縄振興計画による開南・川原・南風見開拓 (石垣島・石表島) 　第一次世界大戦後の不況と県内農村の窮状を受け1938年に策定された「沖縄振興計画」による開拓事業。石垣島の開南には1938年に石垣島の平得と真栄里から入植、その後沖縄本島の本部村や美里村からの移民者を補充、戦後は沖縄本島の豊見城村からも補充。同年、西表島南風見 (後の大原) に新城島から入植。1941年に石垣島川原に沖縄本島豊見城村から入植。
9	戦後の宮古・沖縄本島からの集団移民 　自由移民として石垣島の伊野田他9地区および西表島の住吉に入植。次いで、琉球政府計画移民として石垣島米原他13地区および西表島大富他2地区に入植。米軍基地開発を進める琉球政府のもとで進められた大規模な計画移民であった。

出典：三木 (1996、2010) に基づき作成。

表1-2　石垣市の行政区の変容

1908 (明治41) 年	八重山村成立、島嶼町村制施行による。
1914 (大正3) 年	八重山村が石垣村、大浜村、竹富村、与那国村に分村する。
1926 (大正15) 年	石垣村が町制施行、石垣町になる。
1947 (昭和22) 年	石垣町が市制施行で石垣市、大浜村と与那国村が町制施行で大浜町と与那国町になる。 (竹富村は1948年に町制施行、竹富町になる)
1964 (昭和39) 年	石垣市と大浜町が合併して現在の石垣市の市域となる。

発テロ、2008年のリーマンショックや2011年の東日本大震災発生などで減少もみられたが、観光客数は右肩上がりで2013年の新石垣島空港開港後には100万人の大台を突破した。観光客の域を超え、なじみの宿、行きつけの店を持ち、年に何度もシュノーケルやダイビングを楽しみに訪れるリピーターも多く、そこには「おひとりさま」の姿も目立つ。

　海外からのインバウンドに目を転じれば、台湾と石垣を結ぶフェリー航路は2008年に運休になったものの、スタークルーズ社（香港）が2007年から大型クルーズ船スーパースターリブラで、2011年からはスーパースターアクエリアスで同航路を結んだ。ちなみに、2016年度には、スーパースターアクエリアスの53回の寄港に加え、ゴールデンプリンセス（プリンセスクルーズ社／アメリカ）が20回、コスタビクトリア（コスタ・クルーズ社／イタリア）が

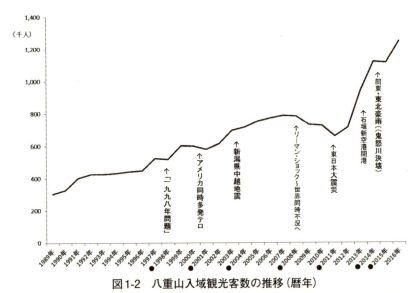

図1-2　八重山入域観光客数の推移（暦年）

注：「1998年問題」とは、不登校の増加や自殺者数の急増など1998年頃の大不況を契機にして社会意識に構造的変化が生じることで引き起こされたとみられる問題で（山田2004）、経済的には労働市場や物価水準の悪化が指摘されている（市川2013）。
出典：沖縄県HP（http://www.pref.okinawa.jp/site/somu/yaeyama/shinko/documents/documents/documents/tsukibetsu201702.pdf、2017年5月1日最終閲覧）より作成。

15回、その他7回、総計95回、クルーズ船が寄港した[2]。

2000年代からの沖縄移住ブームで移住者も増加した[3]。沖縄移住の指南書は、石垣について「移住者に対する島民の態度は基本的にウェルカム」、「石垣島独特の風潮として、『3年以上住んだら石垣人と認める』という暗黙の了解がある」(原田・黒川2008: 47,48)と紹介する。

他方で、急激な移住者の増加は、「八重山はナイチャーに乗っ取られそうだ」という戸惑いの声も生んだ。ナイチャーというのは本土出身者のことで、沖縄出身者のウチナーンチュとの対比で用いられる。「アパート・マンションの建設ラッシュの一方で、米原はじめ市内各地域の海岸線などでも無秩序な開発や住宅・店舗建設が相次ぎ、さらに観光産業に本土資本や外資が相次いで参入、このまま行くと八重山の自然、文化、経済はどうなるのかと、石垣市『風景づくり条例』が制定されるなど非常に懸念されていた」(八重山毎日新聞、2008年10月22日)のである[4]。

「観光客の常在化が移住」(玉置2007: 56)だとすれば、移住者は不確かで不安定な存在でもある。「石垣市の社会増は、02年46人が03年110人に増加。04年355人、05年348人、06年467人とピークを迎え、昨年は一転して58人に激減」、そうすると新たに、供給過剰のアパート・マンションや、移住者の定着の有無など、「"移住バブル"の後遺症」が懸念されるようになった(八重山毎日新聞、2008年10月22日)。

だが、寄せては返す波のように、移住者が入ってはいなくなったのが石垣の歴史であり、そのなかで文化的独自性を保ってきたのが石垣の社会である。「合衆国」を形成してきた移住の歴史に照らすと、現在の過剰な流動性がもたらすインパクトはどう見えてくるのか。

4 皮膚一枚下の凄惨な歴史

「合衆国」といわれる石垣をかたどるのは、人の移動とそれを阻む自然との凄惨な歴史である。『石垣市史』は「八重山の歴史の悲劇は人頭税、強制移

住、マラリア、明和の大津波に因がある」と書く（石垣市総務部市史編集室 1989: 21）。復帰前に書かれた紀行文も、マラリア、人頭税、台風、津波と、この島が「天災と人災のあやなす残酷物語の舞台」だと記す（石野 1965: 275）。

4.1 人頭税と強制移住

八重山は、「高い島（田国島_{タングン}）」と「低い島（野国島_{ヌングン}）」から成る[5]。高い島には山川があり、低い島には山川がない。つまり、「水田のない島は、基本的に山という水源がない島なのであり、山のない島では材木を、まったくではないが自給することが難しい。また、水源がないということは、飲料水にも不自由する島ということになる」（得能 2007: 6-7）。そこで、八重山の人々は島から島への通耕やかせぎを通して、配分やリスク回避の「海と島々のネットワーク」（得能 2007）を結び、「島々と海の総体」（崎山 2000）を生きてきた。

なぜ「山という水源がない島」から通耕しなくてはならなかったのか。現代の共通感覚として、山があり、流れでる川が田を潤おし、やがて海へと通じるさまは、山川海がつなぐ生態系のネットワークの豊かさの象徴だが、八重山の歴史では厳しい自然の象徴であった[6]。田を開ける高い島はマラリアの有病地だったからである。

マラリアは「おこり」と呼ばれ日本でも広くみられたが、ほとんどは「ごく普通の病気」とされた三日熱マラリアで（佐々 1974: 119-128）、「フーキ」、「ヤキー」と呼ばれた死に至る熱帯性のマラリアは八重山の西表や石垣北部などの高い島にしかなかった。

1637年から1903年まで沖縄でも先島だけに課されていた人頭税は[7]、水田がない低い島の人びとに米納を求めるものだった。人頭税を納めるために、人びとは海を越えて水田耕作可能な地へ通耕したが、1730年代から1780年代にとられた琉球王朝の新田開拓政策で有病地に強制移住させられた（牧野 1973: 36）。

「ユンタ」と呼ばれる八重山古謡には、強制移住で引き裂かれた人々の嘆きが歌いこまれている。たとえば、「つんだら節（ちんだら節）」は、黒島から

恋人と引き裂かれて石垣の野底に強制移住させられた悲恋を歌う。野底岳は別名を「野底マーペー」といい、黒島の恋人を想って石になった女、マーペーの伝説が残る。この野底は明和大津波（1771年）前の人口は599人で、大津波による死者行方不明者は24人。575人が生き残った（**表1-3**）。しかし、田畑の荒廃やマラリアで1893年には人口わずか26人までに減り、1906年には廃村になっている[8]。

4.2 明和大津波と人口回復の148年

明和大津波では、八重山の人口の実に32.2％にあたる9,313名の死者・行方不明者を出した（牧野1973）。なかでも石垣島の被害は甚大で、死亡・行方不明者は8,439人（死亡率48.6％）にのぼった（**表1-3**）。復興にあたっては、強

表1-3　明和大津波（1771年）による石垣島の被害とその後の村落の趨勢

集落数		津波前の人口	死亡行方不明者（死亡率%）		被害	1892年人口	1849年マラリア有病地・無病地	廃村年
四箇村	大川	1,290	412	(31.93)	半潰	1,398	無	存続
	石垣	1,162	311	(26.76)	半潰	1,600		存続
	新川	1,091	213	(19.52)	半潰	1,184		存続
	登野城	1,141	624	(54.68)	半潰	1,551		存続
名蔵		727	50	(6.87)		15	有	1916年
川平		951	32	(3.36)		302	有	存続
桴海		212	23	(10.84)		67	有	年不明
野底		599	24	(4.00)		26	有	1906年
平久保		725	25	(3.44)		60	有	存続
安良		482	461	(95.64)	全潰	―	有	1912年
伊原間		720	625	(86.80)	全潰	53	有	存続
桃里		689	―	(―)		26	有	1914年
白保		1,574	1,546	(98.22)	全潰	511	無	存続
宮良		1,221	1,050	(85.99)	全潰	496	無	存続
大浜		1,402	1,287	(91.79)	全潰	770	無	存続
真栄里		1,173	908	(77.40)	全潰	217	無	存続
平得		1,178	560	(47.53)	半潰	629	無	存続
崎枝		729	5	(0.32)		23	有	1914年
屋良部					全潰			
仲与銘		283	283	(100.00)	全潰			
計		17,349	8,439	(48.60)				

出典：牧野（1982:54）、高橋（2009:454）より作成

制移住をし、敷替をし、村建てをするという方法がとられた。だが、台風など自然災害の常襲地であることに加え、津波による農地の荒廃、そしてマラリアの蔓延で、八重山の人口が津波前の規模に回復するまでには148年を費やした (図1-3)。

『八重山の明和大津波』(1968) を記した牧野清は、津波という天災と、人頭税や開拓政策という人災のからみ合いが、津波後の人口回復に148年を費やすことになったと括る。そして、八重山に強制移住策を導入した琉球王朝の蔡温(さいおん)を厳しく批判した。

　　人災の点については、それは琉球の歴史の上に名宰相と謳われた蔡温の、重大失政であったといわなければならない。彼は山をみて木をみず、王府財政の建直しを思うあまり、現地離島人民のいたみ、苦しみには少しも耳を藉(か)さず、権力をかさに無防備の罪なき住民を、地獄にも等しい

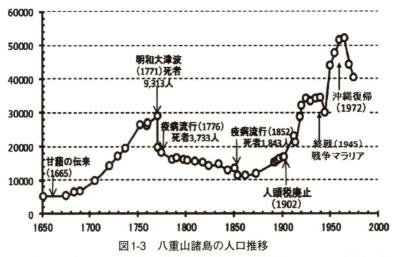

図1-3　八重山諸島の人口推移

注：人口(人)は、牧野『八重山の明和大津波』、『石垣市史叢書13八重山島年来記』、そして国勢調査に基づく。出来事は『八重山歴史略年表』(沖縄県八重山事務所)による (http://www3.pref.okinawa.jp/site/contents/attach/19403/yaeyoran47-c10.pdf)
出典：大塚 (2012:54) に一部加筆

風土病猖獗の地に投じ、結果的にはみな殺しとした。しかも廃村や、廃村寸前という惨澹たる窮状に陥っても、その因果関係を検討して適切な対策を講ずることもせず、さらに幾度も新しく離島の人民を投入して、犠牲を一層累積した。一片の同情もなくまことに冷酷無情、歴史上稀にみる暴政であって、犠牲となった幾千亡霊の呪咀のこえが、いまなおその山野にみちみちている感じである。

　ともあれ、離島僻地軽視、中央中心主義の封建専制政治の支配下であったとはいえ、八重山住民のあまりにも無残、不幸な時代であった。(牧野 1982: 50)

　明和大津波以前と約120年後の1892年を比較すると、四箇字 (石垣村・新川村・登城野村・大川村) でこそ人口増がみられたが、その他の村は押しなべて人口減となった。明治の地租改正で地価に対して税金を納めることになったが、宮古と八重山では旧慣として人頭税が続いた[9]。明治時代になっても人頭税を引きずってきた八重山は、本土(ヤマト)とも沖縄とずれた歴史のなかにあったのである。「地租改正令及国税徴収法」が施行されて人頭税が廃止されるのは1903年である。税の米納がなくなり、住居移転の自由が認められたことで、マラリア有病地では集落の廃村が相次いだ (石垣市総務部市史編集室 1989: 33)。

4.3　開拓移民と戦争マラリア

　明治国家の「植民地経営の原点」は北海道開拓にあり、そこで培われた手法が沖縄に持ち込まれ、さらには台湾、朝鮮、中国に移出された (又吉 1993: 107-108)。明治期は、市井の人びとが大きく移動・移民していく時代であった。

　1891年に「八重山開墾規則」が制定されると、まだ人頭税下にあった八重山にも首里・那覇の士族や他県民が次々に入植してきた (表1-1)。シーナ原や名蔵に開墾の手が入り、サトウキビ栽培がおこなわれ、八重山糖業株式会

社の設立もみたが、台風の襲来で躓いた。同じ時期からマラリアから住民を守るための調査も行われ、マラリアの予防や撲滅に関心が向けられるようになった。1896年から沖縄県が治療薬のキニーネを住民に配布したが、1913年に財政難で配布は中止になった。1918年に入植した東洋製糖会社は、マラリアに無防備な状況で操業を開始した。1921年の「沖縄県八重山郡に於ける『マラリヤ』予防に関する調査」では、流行期でないのに製糖会社従業員に少なからぬ患者が発生していると報告されている。

　　平喜名及名蔵には現時東洋製糖会社八重山製糖所の工場あり。従業員の居宅等は高燥なる丘上に建てらるゝも丘下には渓流水田ありて常に「アノフエレス」蚊を発生するを以て「マラリヤ」流行の一大要素となる。更に寒心すべきは水田の畦畔に田寮なる小屋を設け「マラリヤ」原虫を有する農民は稲の植付刈取の際には此処に宿泊す。(略)渓流、水田より発生する「アノフエレス」蚊は自由に吸血し益繁殖すると共に一方には「マラリヤ」原虫を培養して更に之を他の健康者に伝播す。(石垣市総務部市史編集室1989: 392-393)

この状況は、「古来稲作を余りに重視したる結果丘峻間に少しく低湿の地あれば強て之を水田と」した結果だと結論づけられた (同上:393)。糖価の暴落でほどなく製糖会社は頓挫したが、マラリア防御の研究は根気よくなされた。湿地の排水事業や水田の畑地化といった環境改善、病原体保有者への薬品による徹底的な治療も試みられたが、マラリア撲滅には至らぬまま、日本は太平洋戦争へと突入した。

八重山も空襲を受けたが、戦争での最大の惨禍は、「戦争マラリア」だった。戦局が厳しくなった1945年、軍命でマラリア有病地への住民の強制疎開が行われ、多くの住民がマラリアの犠牲になった。戦後初期に住民の行政機関としてできた八重山民政府の「一九四五年戦争に於ける八重山群島のマラリアに就いて」によると、その被害は八重山で死者3,647名、うち石垣島は

2,496名にのぼった(石垣市総務部市史編集室1989: 717-718)。

　　集団避難地では、患者の看護、土葬に、不自由ながらも何とかしたの
　であるが、単独避難地では家族数名枕を並べて、看護するものも無けれ
　ば、死んでも、これを処置する人が無く、病人も死人も、一所に二、三
　日同居するという悲惨な状況を呈したのであった。(記念誌編纂局1950:
　93、但し旧字は書き改めた)

　戦争マラリアの凄惨さは、市民の体験記録集に生々しく記録されている
(石垣市史編纂室: 1983~1988)[10]。戦争マラリアについては、1989年、「沖縄戦
強制疎開マラリア犠牲者援護会」がつくられ、国家賠償を求める動きが出た
が、個人賠償はなされなかった(八重山戦争マラリア犠牲者追悼平和祈念誌編集
委員会1997)。かわりに、慰霊碑や『八重山平和祈念館』建設など、後世に八
重山の戦争マラリアを伝える事業が実施されることになった[11]。

5.断絶と連続の島

　山川のある石垣島は、西表島と並んで資源豊富な島であり、人が入っては
マラリアで押し返される歴史を繰り返してきた。この繰り返しに完全な終止
符が打たれるのは、八重山でマラリアが撲滅される1962年である。

5.1　戦後の移民とマラリア撲滅

　終戦後、強制疎開していた住民が帰還したあとも、マラリアは猛威をふ
るった。1947年からのDDT散布によるマラリア対策が功を奏し、1949年
に実施された八重山全住民対象の調査では11,926人中マラリア原虫保有者
は伊原間のみ3人であった。また、この年、戦後はじめてマラリアの死者数
が0になった(大濱1968: 322-323)。これで、八重山は戦争マラリアによる後
遺症から脱するかと思われた。

18

しかし、ここに人口過密となった宮古から八重山へという人の流れが生じていた[12]。台湾疎開者や海外からの引揚者、沖縄本島北部や宮古からの自由移民、さらに軍用基地建設のために土地を追われた沖縄本島の人々が琉球政府の計画移民として移入した。「基地問題と八重山開拓移住は、密接な関係」にあった（三木2010: 154）。そのため、戦後の移民は、移住に次ぐ移住の石垣の歴史のなかで、かつてない規模のものになったのである。

　マラリア対策の知識がない移民の間に、再びマラリアが流行した。これに

表1-4　戦後の移民集落とマラリアの状況

集落		入植時期	戸数（戸）	人数（人）	出身地	最後のマラリア患者
自由移民集落	名蔵	戦前、1947	50	229	沖縄本島・宮古・台湾	1958年、4人
	嵩田	1947	36	169	台湾・沖縄本島・宮古	1958年、12人
	元名蔵	1947	14	71	台湾・宮古	1959年、1人
	崎枝	1947	53	242	沖縄本島・宮古	1958年、9人
	富野	1947	21	92	沖縄本島・宮古・本土	1958年、1人
	伊野田	1951	68	321	大宜味	1959年、2人
	星野	1950	44	269	大宜味・宮古	1959年、1人
	船越	1950	4	23	勝連	1958年、4人
	大里	1953	20	116	大宜味・羽地・コザ	1960年、1人
	大田	1955	21	86	宮古・本土・竹富	―
米原		1952	28	146	読谷・美里	1958年、1人
吉原		1953	48	210	宮古	1958年、3人
多良間		1954	41	199	多良間・石川	1959年、2人
下地		1954	40	165	宮古・糸満・仲里	1959年、1人
兼城		1954	30	166	沖縄本島・宮良	1959年、1人
美野		1954	40	203	沖縄本島（中部）	―
越来		1954	37	155	沖縄本島	1960年、1人
明石		1955	63	349	沖縄本島	1958年、2人
久宇良		1956	53	254	沖縄本島	1957年、16人
吉野		1956	23	108	沖縄本島	1959年、1人
伊土名		1956	18	79	宮古・糸満・那覇	1959年、1人
平久保		1956	30	151	宮古・沖縄本島（北部）	1958年、3人
平野		1957	60	80	沖縄本島・宮古・伊江島	1958年、11人
於茂登		1957	20	115	沖縄本島・与那国	1957年、18人

出典：三木（2010:147-148、156-157）に石垣市総務部市史編集室（1989:780）を加筆して作成

対してとられたのが、WHO方式の「ウィラープラン」であった。原虫保有者の投薬治療に加え、有病地か無病地かを問わず、年に2回、75％（場合によっては100％）という高濃度のDDT水和剤散布が行われた。「市街地は勿論部落から部落に移動しあらゆる住家、非住家、又山、野に散在する田小屋、炭焼小屋ちょっとした休憩小屋、橋梁木、バス、ハイヤー、離島航路の船舶」まで（石垣市総務部市史編集室1989: 776）、それこそ「島ごとDDT漬けにした結果」（家田2008: 202）、マラリアは撲滅されたのである（**表1-4**）。

5.2　暴力装置としての開発を止揚する力

　「米軍の占領行政の中で、最大の功績はマラリア撲滅に成功したことだと思いますよ」という住民の言葉が残されている（石野1965:277）。戦後の自由移民、沖縄本島の基地化に伴う計画移民の入植と、1962年のマラリアの撲滅で、石垣の人口は急増した。だが、復帰前後の八重山は急速な人口減少を経験する（図1-3）。本土への出稼ぎや就学・就職による「過疎化」に（7章図7-1参照）、1971年の干ばつが拍車をかけた。

　　　　南西諸島では3月から9月初めまで少雨が続き、大干ばつになった。特に宮古島、石垣島方面でひどく、6月に入ってからは草も枯れ、水もなく、牧牛の餓死が始まった。また、さとうきびは大部分が立ち枯れた。各島では飲料水が無くなり、本土から運んだ。農作物もほとんど枯れ、離島騒ぎにまで発展した島もあった（気象庁HP）。

　そこに押し寄せたのが投機目的の本土資本であった。石垣島では、農地を中心に、沖縄全県買占め面積の21.7％、島面積の約1割にあたる土地が安価な価格で買占められた（日本弁護士連合会1975: 136）。この土地を買戻し、農家へ再配分するために沖縄県農業開発公社が設置されたのは1973年であった。

　買い占められた土地ではホテル建設などリゾート開発が進められ、急激に

進む乱開発に警鐘が鳴らされた。たとえば、川平湾では本土資本が海岸線の7割の土地を買い占めた土地にホテルが建設され、排水が湾内を汚染するようになった。ここに戦前からの歴史を持つ真珠養殖業者が異議申立てをし、川平湾の自然を守る住民運動が展開された。当時の新聞は、川平湾の保全が"自治としての自然保護"にかかわるものであると論じている（沖縄タイムス、1973年6月12日）。こうした経緯のうえに、石垣を代表する景勝地としての川平湾の現在がある。

　さらに、観光集客力、潜在力を見込んで新空港建設計画が浮上したのは1979年である。白保沖のリーフを埋め立てて新空港を建設するという計画に、白保住民を中心に反対運動が起こった（5章参照）。新空港建設は必要だが、場所をめぐって疑義がある——白保の海上への新空港建設を否とする反対運動は、巨大開発を前に一歩も引かなかった。海上案が断念され、建設地選定が難航するなか、八重山の問題は八重山の人が議論を尽くして決定する、というスタンスで新空港建設地選定はカラ岳陸上案で決着をみた。自己決定を重視することで、強硬な暴力装置としての「開発」が止揚され、長く膠着した問題が動いたのである。2006年に起工式が行われた新石垣空港建設問題の「30年余の苦悩と闘いの軌跡」が示したのは、「事を成すに当たっては、きちんと手続きを踏んだうえで、たとえ時間がかかっても議論を重ね、強引なやり方は避ける」、「二者択一でなく、両立に向けて」努力することだと指摘された（上地2013: 263）。

　石垣では、1972年の復帰前後の土地買占め、1980年代半ばから1990年代初頭のバブル期のリゾート開発、2000年代の移住ブームと、3度にわたって乱開発が問題になった。最初の2回は住民やUターン者が抗議の声をあげ、最後の移住ブームの時期には、移住者自らが乱開発に抗して反対運動を展開した（6章参照）。マラリアに代わって猛威をふるう開発を押し戻してきたのは、石垣に住む／暮らすことを選んだ人々の自治の力であった。

6.「小指」を超える自画像

　日本の歴史や文化には沖縄が前面に現れず、沖縄の歴史には先島が前面に現れてこなかった（崎山2000: 45）。駆け足で見てきた石垣の歴史からは、近代日本の時間軸からズレながら、ねじれながら、“今”に連結された社会が見えてくる。

　1970年代にはじまる「弧の思想」は、周辺部を支配の対象にし、周辺部に隷属と従属を強いてきた＜中心―周辺＞関係を相対化しつつ、地域主義の輪郭を描き出してきた。日本民族の起源まで遡りながら、琉球弧に日本の原型をみた島尾敏雄のヤポネシア論。琉球弧がヤポネシアに包摂される“違和感”――それも歴史的に形成された根深い“違和感”から、琉球弧に「精神の共和国」としてのオキネシアを見出そうとした三木健。これら「弧の思想」は、他律的に翻弄された歴史を反転させ、自律的な島嶼社会としての沖縄像を描く方法論的優位性を持ってきた。「青い海、青い空」の皮膚一枚下の歴史には、日本の劣位に内部化され、切り離され、再び包摂された沖縄がある。

　さらに、人頭税を課された先島のなかの、マラリア有病地があった八重山のなかの、明和大津波の大きな被害を蒙った石垣となると、沖縄とも異なった歴史が見えてくる。ヤイマネシアという自画像は、沖縄本島と八重山との間にある見えない境界を見出し、八重山という国境の島から台湾に続くネットワークを意識化させるだろう（2章、3章参照）。

　日常生活のなかで、沖縄では＜ヤマト―ウチナー＞、＜ナイチャー―ウチナーンチュ＞、八重山では＜ウチナー―ヤイマ＞、＜ウチナーンチュ―ヤイマンチュ＞という方言で、外と内の境界が引かれる。外と内との差異で構築されてきたアイデンティティがある。しかし、歴史を共有せず、＜中心―周辺＞を固定化して考えることに慣れている本土では、「弧の思想」によって相対化された沖縄の、八重山の、石垣からの視点を十分に理解してきたとはいえない。それは、復帰後の本土資本による土地買占めや乱開発を批判し、沖縄の問題を引き受けようとする議論にあっても、同じであったかもしれな

い。

　　小指の痛さが全身の痛さであるように、沖縄県では、離島の諸問題の解決なくして沖縄問題の解決はありえないと言って過言ではない。沖縄離島のもつ後進性は、単に離島の属性たる自然環境の制約にその主要因があるのではなく、離島を思いやってこれを生かすべき行政が戦後全く欠落したまま今日まで放置されてきたことに、その大きな原因を見出すことができる（日本弁護士連合会1975: 141）。

　離島の後進性を憂い、行政の離島への思いやりの欠如を突いた文章であるが、それでさえ、本土を中心に、沖縄や沖縄離島を周辺におく視点から離れるものではなかった。
　小指は小指にすぎず、小指の痛さを小指が感じることができない。小指は小指の先で行き止まり、その先にある台湾や太平洋の島々に結びついていかない。行き止まりだからこそ、沖縄本島には基地がしわ寄せされ、石垣など八重山では国土防衛のために自衛隊配備計画が持ち上がる（5章参照）。
　他方で、ヤイマネシアの自画像に重なるような、小指を超えた他画像を早い段階で描いた人もいる。1959年の旅で、沖縄に「一つの恋」をした岡本太郎である（岡本1996: 214）。八重山で生活の必要のギリギリに浮かび出る生活者の凄みに魅了され、人頭税の悲劇をうたうユンタに、生命のハリを支えたギリギリの美しさをみた岡本は、「本土なみ」を目指す沖縄復帰をまえに、文化においては本土が「沖縄なみ」になるべきであり、沖縄が日本に復帰するのではなく、本土が沖縄に復帰すると思うべきだと語った。自分たちの生き方を自ら決定し、選択するという「人間的プライド」で生き抜いて欲しいと願った。（岡本1996: 250-251）
　そして実際、石垣の人々は、川平湾を守る運動や、白保の海を守る新空港建設反対運動で、自然を消費財化する動きに抗って、「自然の本源的優越性」（松井1997、2005）のなかで生きることを自己決定し、その選択を現実化して

いった。自然を守ることが、自治や自己決定の問題に深くかかわるから、人間に本源的に優越する自然環境の「バーゲニング(取り引き)」(松井2005: 116)を安易に許さないという石垣の人々の生きざまは、小指を超えていく。この強い自画像が、石垣固有の社会や、石垣の暮らし方、住まい方として表出する。

　こうした石垣の人と自然、精神世界の綾なす誘惑に抗いきれない本土の人々が罹患する今日的「病」が、「石垣病」(「八重山病」)である。石垣に足を運ばずにいられない衝動に囚われ、「病」が高じて移住する人々がいる。

　中心をずらせば、そうした人々は現代の自由移民である。一定期間を過ごして立ち去る人もいれば、留まる人もいるだろう。歴史が指し示すのは、こうした新しい自由移民たちも、対立や緊張をはらみつつも石垣という重層的な社会のなかで共同性をつなぎ、石垣社会の新しい層として、やがて沈着していくだろうことである。

注

1　三木は「琉球弧と南太平洋の島々との間には、"ネシア"という共通項がある。そこで太平洋の文化圏を、東のポリネシアから、西の"オキネシア"まで広がる文化圏として捉えることはできないか。琉球弧を日本の枠組みから解放して、太平洋文化圏のなかで捉えてみることで、新しい可能性が見出せるような気がした」と記している(三木1988: 14)。ちなみに、ポリネシアとの類似性から沖縄を「リュウキュウネシア」と名付けた書もある(辰濃1973)。

2　「平成24年から平成28年までのクルーズ船実績表」による(石垣市HP、http://www.city.ishigaki.okinawa.jp/home/kensetsubu/kouwan/pdf/cruise_ach_2012-2016.pdf、2017年5月1日最終閲覧)。

3　こうした移住ブームとは別に、東日本大震災後には、被災・避難者の移住も受け入れた。移住者と石垣の住民が「被災者・避難者支援ネットワーク石垣島『ちむぐくる』」を組織して、「放射能からできるだけ遠くへ」とやってきた人々の短期滞在を支援し、移住も促した(6章参照)。俵万智が歌集『オレがマリオ』で、「助けられてここまで来たよ島ぞうりの鼻緒のかたち人という文字」と詠んだのは石垣であった(俵2013: 38)。

4　「石垣市風景づくり条例」は2007年3月26日制定。前文に、「石垣島は、於茂登岳を中央に八重に連なる山系を背にして南に平坦地が広がり、四方に河

川が発達し、湾岸と半島、岬など多様な地形、そして空と海とが織りなす優れた自然風景に恵まれたまさしく光と風が輝く太陽と海の楽園である。／また、悠久の時の流れのなかで先人から受け継いだ文化や歴史、伝統にも彩られたこれらの優れた風景は、私たちの心に安らぎと明日への活力を与え、ふるさとへの誇りと愛着を抱かせ、うるおいとゆとりある日々の暮らしをささえている。何人といえども占有し、支配してはならない市民共有のかけがえのない財産である」と記す。条例に関しては、6章も参照のこと。

5　この区分に関する先行研究のレビュー、および両者のネットワークに関しては、松村 (2002: 118-120) を参照のこと。

6　開発の進んだ現在は、高い島では川から赤土が流出して海を汚染するが、低い島は赤土流出のない美しい海をまとっているといわれ、低い島の自然の優位性が見出されている。

7　人頭税の始まりは1637年というのが定説だが、それ以前からあったという説もある。

8　津波以前は大きな村であったが、荒廃し、マラリアが流行する1893年の野底は、沼田や泥沢があり、黒土層の湿地、樹木や雑草が生い茂り、ところどころにゴミが積もって腐り、廃田や空き家も目立つという状況であった (笹森 1983: 32-33)。

9　理不尽な慣習は人頭税だけではなかったようである。石垣では、租税米を借りる場合には、米一俵 (三斗) に対し1年で利子米一斗五升を附すという、高利の取引慣習が温存されていた (笹森 1983: 10-11)。

10　ちなみに、石垣から台湾への疎開でマラリアの被害を受けた記録もある。

11　八重山平和祈念館による高校生の平和ガイドの養成、高校での慰霊碑清掃・整備活動など、八重山における平和教育の推進と歴史の遺産化の動きがある (月刊やいま 2015年8月号)。

12　『先島新報』(1949年9月14日、但し旧字体は書き改めた) は、「宮古は天然資源に乏しき上に、限られた土地に人口は年々増加の一途を辿り、今や人口密度は八重山の一平方キロ五九.六人に対し、宮古は実に三七四人を示し、この過剰人口を如何に処理するかが死活問題であって、裏南洋も台湾も『冷たいカーテン』にとざされている現状に於てはただオモト霊峰の命の泉に頼る外はないのである」という宮古知事の言葉を載せている。

参考文献

新崎盛暉・仲地哲夫・村上有慶・目崎茂和・梅田正己著, 1999,『沖縄修学旅行 (第2版)』高文研.

CTS阻止闘争を拡げる会編, 1981,『琉球弧の住民運動』三一書房.

『月刊やいま』2015年8月号.（「シリーズ特集『戦争体験』を継ぐ 第2回 高校生平和ガイド」）

原田ゆふ子・黒川祐子, 2008,『沖縄に住む──理想のセカンドライフの過ごし方』角川SSコミュニケーションズ.

市川正樹, 2013,「1998年を節目とした日本経済の変貌──「失われた20年」以外の成長低迷とデフレの見方」『大和総研調査季報』10:54-73.

家田貴子, 2008,「DDTは人類に何を与えたか」速水融・町田洋編『講座 文明と環境7 人口・疫病・災害（新装版）』朝倉書店.

石垣市史編纂室, 1983-1988,『市民の戦時・戦後体験記録』（1～4集）石垣市役所.

石垣市総務部市史編集室, 1989,『石垣市史 資料編近代3 マラリア資料集成』石垣市役所.

石野径一郎, 1965,「八重山群島の歌と涙」長谷川小太郎編『新日本紀行』日本交通公社.

記念誌編纂局, 1950,『新八重山──博覧会記念誌（八重山復興博覧会）』八重山民政府.

気象庁HP（http://www.data.jma.go.jp/obd/stats/data/bosai/report/kanman/1971/ 1971. html、2017年4月30日最終閲覧）.

牧野清, 1968,『八重山の明和大津波』牧野清.

───, 1973,「島々の概観」宮良高弘編『八重山の社会と文化』木耳社.

───, 1982,「八重山の明和大津波と人口の推移」南島史学会『南島──その歴史と文化4』第一書房.

又吉盛清, 1993,「沖縄・北海道と台湾植民地」宮良高弘編『日本文化を考える──北と南から』第一書房.

松井健, 1997,『自然の文化人類学』東京大学出版会.

───, 2005,「生活の質をめぐって──『自然の本源的優越性』のための実践的覚書」新崎盛暉・比嘉政夫・家中茂編『地域の自立 シマの力（上）』コモンズ.

松村正治, 2002,「竹富島と小浜島の比較環境史──町並み保存運動とリゾート誘致への序曲」松井健編『開発と環境の文化学──沖縄地域社会変動の諸契機』榕樹書林.

三木健, 1988,『オキネシア文化論──精神の共和国を求めて』海風社.

───, 1996,『沖縄・西表炭坑史』日本経済評論社.

───, 2010,『「八重山合衆国」の系譜』南山舎.

日本弁護士連合会編, 1975,『復帰後の沖縄白書（法律時報増刊）』日本評論社.

岡本太郎, 1996,『沖縄文化論──忘れられた日本』中央公論新社.

大濱信賢, 1968,『八重山のマラリア撲滅──随筆 あの日あの頃』大濱信賢.

大田昌秀, 1995,『新版 沖縄の民衆意識』新泉社.

大塚善樹, 2012,「被災村落の低レジリエンスに関する歴史社会学的試論──八重

山の『明和大津波』を事例に 」『東京都市大学環境情報学部紀要』13: 52-61.

琉球新報社編, 2000,『沖縄20世紀の光芒』琉球新報社.

崎山直, 2000,『八重山の歴史と文化』崎山直.

島尾敏雄, 1977,「ヤポネシアと琉球弧」島尾敏雄編『ヤポネシア序説』創樹社.

佐々学, 1974,『日本の風土病』法政大学出版局.

笹森儀助著、東喜望校注, 1983,『南嶋探検2』平凡社.

多田治, 2004,『沖縄イメージの誕生——青い海のカルチュラル・スタディーズ』東洋経済新報社.

―――, 2008,『沖縄イメージを旅する——柳田國男から移住ブームまで』中央公論新社.

高橋品子, 2009,「近代八重山のマラリアと集落存続」『地理学評論』82-5:442-464.

玉置泰明, 2007,「観光は持続可能か——リゾート開発から常在観光へ」山下晋司編『観光文化学』新曜社.

谷川健一, 1977,「＜ヤポネシア＞とは何か」島尾敏雄編『ヤポネシア序説』創樹社.

辰濃和男, 1973,『りゅうきゅうねしあ——沖縄・こころの旅』朝日新聞社.

俵万智, 2013,『オレがマリオ』文藝春秋社.

得能壽美, 2007,『近世八重山の民衆生活史』榕樹書林.

上地義男, 2013,『新石垣空港物語——八重山郡民30年余の苦悩と闘いの軌跡』八重山毎日新聞社.

八重山戦争マラリア犠牲者追悼平和祈念誌編集委員会, 1997,『悲しみをのり越えて——八重山戦争マラリア犠牲者追悼平和祈念誌』沖縄県生活福祉部援護課.

山田昌弘, 2004,『パラサイト社会のゆくえ——データで読み解く日本の家族』筑摩書房.

2章　パイナップルの両義性
──台湾移民二世のライフヒストリーにみる「資源」の「地域化」

廣本　由香

1.「資源」の「地域化」

　本章の目的は、沖縄県石垣島の農村地帯である名蔵・嵩田地域でパイナッ
プル（以下、パイン）とかかわり生きてきた台湾移民二世の島田長政氏（以下、
敬称略）のライフヒストリーをとおして、パインが物質的な資源としてだけ
ではなく、自分史を投影する「地域化」された「資源」へと生成される過程を
明らかにすることである。

　特定の自然（物）に自分史を投影する行為は、自然（物）が「客観的抽象概念
ではなく、地域社会の行為や文化、歴史を映し出す具体的なもの」（関1997）
として、それは当人の生活や人生の一部をなおすことを意味する。

　もっとも、「資源」として特定のものに目を向けることは、「資源」に刻み
こまれた社会・文化的な意味を知るということである。地域社会のなかの社
会・文化的な意味の蓄積を理解するのとしないのでは、それ以上に、個人や
社会を動かし支える「資源」を見る目が違ってくる。本章では、目の前にあ
る「資源」とその背景にある社会的・歴史的事実が、どのように「いま、こ
こ」に生きる個人や地域社会とかかわっているのか。あるいは人びとの内な
る生活世界を揺れ動かし、変化させているのかをみていく。

　ここでいう「資源」とは、資源研究者のエリック・ジンマーマンが「人間が
使う資源は圧倒的な大部分が天然資源ではない」（ジンマーマン1985: 18）と指
摘するように、単に辞書的な原料・材料など物質的要素をさすにとどまらな
い。佐藤仁の言葉を借りれば、「資源」とは「働きかけの対象となる可能性の

束」であり、その知恵や技術を模索する人間の創造性を含意する動的な概念である（佐藤編 2008、佐藤 2011）。その下地には「そこに『見えないもの』を見出し、『その先にあるもの』へとつなごうとする創造的な心の働き」がある（佐藤編 2008: 9-12）。とくに開拓集落の名蔵・嵩田地域のような過酷な自然的・社会的環境で育まれた「資源」には、そうした地域社会ゆえに展開された人びとの「働きかけ」が色濃く反映されているはずである。

　本章で、島田のライフヒストリーを取り上げる理由は島田の出自によるところが大きいが、さらに現在に至るまでの島田のパインに対する「働きかけ」や、そのパインとの心理的距離が「資源」の「地域化」を考えるうえで欠かせないからである。まず、父親の廖見福（1913-1967）は、1930 年代に台湾から石垣島に渡り、戦後、石垣島のパイン缶詰産業の礎を築いた台湾入植者である。こうした功績と同時に、廖はパイン缶詰産業をめぐる島嶼の社会変動に翻弄された一人でもある。島田も少年期から青年期にかけてパインの酸いも甘いも噛み分け、1961 年の生果パインの輸入自由化や当時の農協との関係を契機にパイン生産をやめている。それからはいくつかの農作物を手がけ、1980 年代からは完熟マンゴーの生産を進めてきた。

　マンゴー生産者として第一線を走ってきた島田であるが、現在も変わらずパインに対する特別な自負を持ち続け、パインを自分事として語るのはなぜだろうか。島田のライフヒストリーからみていくのは、パインの「可能性」が、どのように地域社会で生きる人に解釈されたのか、またそれが「いま、ここ」の「生きられる経験」になったのかである。

2.「資源」と「環境」——名蔵・嵩田地域で育まれるパイン

2.1　パインの生育環境

　パインは、沖縄農業を悩ます自然災害や年間をとおして発生する病虫害に比較的強い作物である。パインの生育適温は 25 〜 35℃の（亜）熱帯気候で、酸性土壌の赤土で栽培される。酸性を呈する赤土は、国頭マージと称され、

国頭礫層と呼ばれる洪積世堆積物、千枚岩、花崗岩、安山岩、砂岩などに由来する土壌である。下層土は緻密で透水性・通気性が悪く、傾斜地に分布するため浸食を受けやすい。さらに国頭マージは有機物含量が低く、養分が少ないという点が、物理性・理化学性からして「良好な耕土とは言い難い」と考えられてきた[1]。

国頭マージは、沖縄口（ウチナーグチ）では「クンジャンマージ」といわれ、沖縄島中北部や八重山諸島の石垣島、西表島、与那国島などに広く分布する。昔から沖縄民謡でも「いかな山原（やんばる）ぬ　枯木国（かれきぐに）やてぃんよ」と唄われてきたように、国頭マージは典型的なやせ土として不良土壌の烙印がおされてきた。それは大規模な土地改良をしない限り、この土壌で栽培される作物の種類がきわめて制限されるからである（大城・浜川 1980）。

2.2　名蔵・嵩田地域の環境

石垣島は、沖縄県那覇市の南西約410kmのところに位置し、台湾とは約270kmの距離にある。石垣島の中南部は約13km四方のほぼ正方形をしており、沖縄最高峰の於茂登岳（おもとだけ）を中心とする山岳地帯がそびえる。名蔵・嵩田地域は、於茂登岳の南側に位置する農村地帯である。大きく湾曲した名蔵湾に注ぐ名蔵川は於茂登岳に水源をもち、名蔵平野はこのデルタ地帯に位置している。西側には沖積平野、東側には谷が入り組んだ波状台地が広がる。この名蔵・嵩田地域に分布する名蔵礫層に由来する国頭マージは、固い礫を多く含んでいるため、とくに丘陵地帯の嵩田地域では「農業の近代化」にともなう大型機械の導入が遅れたといわれる。

このように農業をするには厳しい自然条件と、島嶼という流通的・市場的に不利な条件に置かれ、さらに日本本土とも沖縄本島とも異なる八重山特有の社会的・歴史的条件のなかでパインは生産されてきた。石垣島の生産状況をみると、2015年度は度収穫面積115ha、生産量2,328t、そのうち生果が9割、加工が1割である[2]。現在では、生果が加工を大きく上回っているが、石垣島の農家がパインを生果用として本格的に生産し始めたのはここ20年

余りのことである。1980年代以降の世界貿易機関(WTO)農業交渉の結果を受けて実施された1990年のパイン缶詰の自由化、これに続く島内の缶詰工場の閉鎖まで、農家はパインを缶詰の「原料」として工場に卸していたからである。

そのため当時のパインは、石垣島で栽培・生産されている一方で、地域社会の文化や歴史が捨象された加工品であった。今日のようにパインが「石垣島産」というような個別具体的な固有名詞を有した農作物としての認識は内在的に薄かった。けれども、こうした反面、パインは石垣島の「資源」として社会・経済的に個人や地域社会を大きく動かしてきた。

図2-1　名蔵・嵩田地域の位置
出典：白地図(テクノコ白地図イラスト：http://technocco.jp/)を使用、再編集

3.他者化される「資源」——パインをめぐる台湾と八重山の関係

それでは、パイン缶詰産業が台湾から石垣島の名蔵・嵩田地域にわたってきた経緯を歴史的に紐解いていこう。

近代以降、日本は小笠原諸島、琉球、台湾、朝鮮、南洋群島の順に「南進」し、いわゆる「外地」を併合していった。琉球は、明治政府による「琉球処分」で沖縄県という一つの地方になり、日本の近代化の版図に組み込まれた。その後、沖縄は日本の「南門の関鍵」を担う「国内植民地」として「南進」の軍事的拠点とされた（後藤 2015）。

沖縄の南西に視線を移すと、1895年に日清戦争後の下関条約によって、台湾が清朝から日本に割譲された。台湾は、日本の「帝国的拡大」を狙う「南進」の基地としてだけでなく、「内地」向けの食糧供給地としての役割を担った（荒木 2013）。パインも台湾からの「内地」への移出品だったが、食糧というよりは贅沢品や嗜好品の性格が強かった。

台湾でパイン缶詰産業が大きく飛躍するのは、1920年前後とされる。第一次世界大戦の影響で日本のあらゆる産業部門がいちじるしく好景気に入ったことでパイン缶詰の需要も高まったためである。1920年代以降、台湾総督府殖産局によって指導や介入が開始され、積極的な奨励政策のもとで事業者には機械化の推進、品種の導入、輸出補助が行われた。台湾総督府の調査によれば、工場数は1925年の35から1930年には75にまで達した。けれども、実際は台湾人の小規模な参入が多く、零細乱立の生産状況であった（陳 2012）。

こうした工場乱立は無計画な増産や粗製乱造品を招いたため、1930年に台湾総督府は、台湾でパイン缶詰事業を大きく展開していた東洋製罐株式会社などからの要望を受け、工場設立の許可制に踏み切った。さらに1935年には輸出促進を最大の目的に掲げた台湾合同鳳梨株式会社が設立された（北村 2014）。同社は、台湾総督府および高雄州知事の主導のもと、台湾にあった75社を買収・合併し、1社に統合したことで実現したものである。同社の総株数の5割余りが東洋製罐系企業や関係者で占められていたことからも明らかなように、台湾におけるパイン缶詰産業は、台湾人の手を離れ、日本資本に独占されることになった（関沢 2003）。こうした吸収合併により廃転業を迫られた台湾出身の中小事業者や生産者は新たな活路を探ることとなった。

そのなかで石垣島で事業に着手したのが台湾人事業者の謝元徳や誉益候、林発らであった（北村 2014）。

台湾でのパイン缶詰工場の経営を断たれた彼らは、1935年に名蔵・嵩田地域で大同拓殖株式会社を設立し、パイン缶詰の生産を再始動させた。事業開始にともない台湾からパインの栽培農家50戸、330人を集団移住させた。当初の事業計画は、直営農場を設置し、種苗20万本を台湾から取り寄せて繁殖させ、これを農家に栽培奨励するものであった。次第に生産量も増えて事業は軌道にのってきていたが、太平洋戦争の激化にともない、同社は1943年に旧日本軍によって解散させられた。戦時下の経済統制のもとでは空き缶やシロップのもとになる砂糖の確保が困難なことにくわえ、食料危機・食料増産を理由にパイン畑は稲や芋に植え替えを迫られたからである。同社の缶詰工場も駐屯軍に明け渡され、戦火が激しくなると入植者の多くは台湾に引き揚げていった（林 1984）。

以上のように、日本と沖縄、台湾の植民地関係が絡んでパインはなかで生産されてきた。台湾から石垣島にパインがもたらされ、戦況によって生産が中断されたが、それも終戦後に八重山に残った島田の父親である廖を先頭に、戦火を免れた苗で増殖が計られ、パインの生産は再生されていくことになる。次節で、島田長政のライフヒストリーをたどっていこう。

4. パインに投影する自分史

4.1 マンゴー農家としての島田長政

島田長政は1945年に西表島で生まれた台湾移民二世である。妻・節子の父親も、1954年に宮古島から名蔵・嵩田地域に移り住んだ自由移民である。自由移民は、政府による計画移民とは異なり、家や畑の貸付けもなく、自力で一から生活しなければならなかった。名蔵・嵩田地域は台湾や宮古島、沖縄本島から移住してきた人びとが集まった開拓集落である（名蔵入植50周年記念事業期成会編 1999）。現在、台湾移民二世・三世のなかには、島田のように

名蔵・嵩田地域で農業を続ける人もいれば、石垣島南部に位置する中心市街地に移り住み青果業や飲食業などを営む人もいる（第3章参照）。

名蔵・嵩田地域では、島田が営む農園の西には白水と呼ばれる水田地帯、東には名蔵ダムがあり、すぐ隣には宇宙観測所ある。春になると「南の国」から自宅の庭にある大木にアカショウビン（カワセミ科）が帰郷する。アカショウビンは9月には再び「南の国」に旅立ってしまうが、そのあいだにパートナーを作り営巣し子育てをする。毎年、島田はカラスと闘いながら子育てするアカショウビンをみて、「はるかに人間より一生懸命生きている」と感じるという。

島田は、国内マンゴーの栽培技術およびビジネスモデルを確立した生産者の一人であるが（米本 2008）、20代前半まではパインやサトウキビを広く栽培していた。サトウキビ栽培では大量生産者として表彰されたこともあった。それからは冬瓜野菜、生産組合を組織してビワも手がけた。

マンゴーの生産を開始したのは1980年頃である。ただし、マンゴーもパインと同様に、それ以前に台湾入植者によって苗木は持ち込まれていた。島田は1983年に石垣市からマンゴーの苗木が配布を受け、80本の苗木を400

図2-2　マンゴーハウスの前で説明する島田氏（写真提供、島田長政氏）

坪のハウスに植えた。このとき市には苗木1本に対し穂木5本を返すという
条件だった。それを島田の兄が経営する嵩田植物園で養成し、苗木を農家に
配布した。植え付けた翌年の1984年には数個の果実を収穫した。

　当時、八重山には農作物に被害をもたらすウリミバエが発生していた。
1990年に奄美諸島や宮古諸島に続き沖縄本島でウリミバエ根絶宣言が出さ
れたことで、残された八重山では果実を蒸熱処理してから出荷しなければな
らなかった。そのため一度に出荷できる数が限られてしまった。ようやく
1993年に八重山でもウリミバエが根絶され、蒸熱処理をせずに出荷できる
ようになったが、こうしたウリミバエ問題でも島田は長年参加してきた研究
会や自らがもつネットワークを使って関係者に掛け合い、石垣島の蒸熱処理
機導入に努めた。さらに県外出荷を中心とする農家に被害をもたらしていた
旧石垣空港における航空機の輸送滞貨問題では、貨物航空機導入などを求め
て広く活動をした。これらの活動に対して、島田があくまで誰かのために
やってきたわけではなく、自分のために活動を行ってきたということには、
台湾移民二世として「自分の力で歩いていくしかなかった」生き方が色濃く
反映されている。

　このように島嶼の農業問題に正面からぶつかりながらマンゴー栽培を拡げ
てきた。なかでも島田が輸入マンゴーと差別化するために1996年に登録し
た商標が「ポトリ果マンゴー」である。2007年には「ポトリ果マンゴー」のロ
ゴマークも商標登録した。「ポトリ果マンゴー」は、果実を1個ずつ包み込み
袋の中で完熟させ、落下した果実だけを商品として出荷したものである。

　それまで台湾入植者が持ち込んだマンゴーは、露地では滅多に実ることが
なく、島田の畑にもマンゴーの大木があったが、やはりほとんど結実しな
かった。島田はあるとき、偶然実った果実が「ポトリ」と地上に落ちたのを
拾って食べたところ、その美味しさの感動が忘れられなかった。この体験が
「ポトリ果マンゴー」の名の由来となった。

　島田は、2015年に沖縄県農林水産部から地域農業の発展と後継者育成に
長年にわたり貢献したとして名誉指導農業士の認定を受けている。だが、島

田はそれまで沖縄県をはじめ行政からの認定や受賞は辞退し続けてきた。それは、20代のころから50年ものあいだ、行政や農協から距離をとって農業を続けてきた島田が認定されることは、行政政策が進めてきた沖縄農業の自己矛盾につながると考えるからだ。行政関係者にもそのアンビバレントな意味が理解されるよう話している。

このようにマンゴー農家の先駆けでもある島田は、石垣島のパインとどのようにかかわり生きてきたのか。パインによって自らを変容し、生き抜いてきた島田の「生きられる経験」を次節でたどっていこう。それにはまず、島田の父親である廖見福についてふれる必要があるだろう。

4.2 「人の移動」がもたらしたパイン

4.2.1 台湾入植者とパインをめぐる地域社会の抵抗

父親の廖見福（1913-1967）は、台中出身である。23歳のときに中国大陸に乗り出そうと試みたが、両親に反対されて果たせなかった。石垣島に台湾人が経営する会社があるということを耳にし、着の身着のまま渡ってきた。財産もほとんどなく、一からのスタートだった。当時の台湾が日本の植民地下にあったように「外国人としてではなく国内渡航として石垣島に移住した」（嵩田 1996: 75）。名蔵・嵩田地域にあった大同拓殖株式会社に就職し、それからパイン缶詰の生産にたずさわった。当時にしては非常に規模が大きい工場で、機械化が進んでいた。廖は、昼は数名の現場監督者の管理を任され、夜はパイン畑を回り、パイン果実を狙ったヤマシシを撃ち、退治をしていた（月刊やいま、2007年9月号）。

戦前期まで、名蔵一帯はマラリア有病地とされていた（1章参照）。マラリアは死に至る感染源であるため、地元住民は罹患を恐れこの一帯には近づかなかった。こうしたマラリアの脅威にくわえ、ヤマシシ（イノシシ）による作物被害も甚大であった。さらに台湾入植者は地元住民との衝突も絶えなかった。例えば、小郡民大会を開催するほど大々的に台湾人の入植阻止運動が展開された。また、農作業のための水牛導入が地元農民に阻止されたり、焼畑

で地元青年と伐採した雑木をめぐって幾度とトラブルに発展した。いずれも地元住民は、台湾人によって導入された技術が従来の自給自足的農法とはかけ離れていたので、先進的な農法の展開・拡大を警戒すると同時に、精力的な台湾人に対して、家督相続が行われない地元の次男・三男の土地が奪われ兼ねないと危惧したからだ。地元住民からのあらゆる排外を含め、戦前の台湾入植者にとってパイン缶詰生産は「生命をかけた苦難の歴史」(林 1984: 9)であった。

　しかし、太平洋戦争が激しくなると、多くの入植者は台湾に帰っていった。廖とその家族は、生活をもとめて西表島の南風見(後の大原)に避難した。南風見は、沖縄県振興計画にのっとり、沖縄本島から開拓移民が行われていた[3]。この開拓先で生まれたのが島田である。しばらくは西表島で生活していたが、あるとき廖が石垣島に戻ると言い出し、石垣島に引き揚げた。こうして疎開先の南風見から、もともといた名蔵に戻った廖は、1946年には大同拓殖の圃場に散らばっていたパインの苗をかき集めていた。約1万本の苗を3反歩に植え、翌年にはこれを2反歩に増やし、翌々年には5反歩に拡げた。当時の8割近くは廖が増殖させた苗だといわれる(三木 2010: 112-113)。

4.2.2　台湾人が切り開いた原生林とパイン生産の再生

　戦後、疎開先から戻った台湾人や名蔵に残っていた台湾人は公民権を失った状態となり、地元住民から「日本は戦争に負けたんだ。台湾人は台湾に帰れ」(松田 2004: 79)と「外国人」扱いされるようになった[4]。石垣市も1947年に台湾人に対して開墾した名蔵の耕地を明け渡し、現在の嵩田に移るよう命じた。島田は地元住民の軋轢や台湾人の処遇を含め、嵩田への移動について次のように振り返る。

　　島田:戦前にそれだけ台湾人と軋轢を起こしたもんだから、台湾人をよ
　　く思わない八重山の人らが圧倒的に多いわけだから。要するに隔離だ。
　　その人らが中心になって台湾人を、もちろん台湾人によくしてくれた人

もたくさんいたけど、だけど圧倒的にな。それで台湾人はこっちの原生林に入植しろって。全部こっちに追い込もうとしたわけ。これに賛同したのが俺の親父。

――原生林に追い込まれるのに賛同したんですか？

島田：追い込まれようっていうのに率先的にのったのがうちの親父。それに乗っかったんだよ。なぜかというと、結局な、公民権を失ってるさ。それで名蔵の土地にいたら、そこは（大日本製糖の）社有地でしょ。それで公民権なし財産権なし、将来ここにそのままおっては、自分なんかの身分が宙に浮いてしまう。それなら、こっちに苦労しても入ってきて、市有地を開墾して、市有地を払い下げて、財産権を得れば安泰だっていうことで。みんなを説得してここに入れたんだよ。これには賛否両論あるけど。だからうちの親父を恨んでいるのもいる。だけど感謝しているのもいる。それで、こっちは原生林で悪い草が全くない。焼畑農業ができる。結局、台湾で焼畑農業を経験して、勝算があったから入ってきたんだよ。勝算があったから積極的に入ってきたわけだよ。

　戦後、米軍占領下の沖縄では、農地解放が施行されずに地主制度は継続された。そのため、廖をはじめとする台湾人が開墾した名蔵平野の耕地も、当時の大日本製糖の社有地のままであった。名蔵における社有地は150haにも及んだ。

　戦前に「日本人」として石垣島に渡ってきた台湾人に対して、1947年から1951年のあいだに半ば強制的な移動が実施された。市から割り当てられた土地は、現在の嵩田から名蔵ダムの手前までにあたる「カード」と呼ばれる未開拓の原生林であった。そのときに率先して他の台湾人に嵩田へ移動を促したのが廖であったが、この移動を拒んだ台湾人もいた。それから各世帯に振り分けられた市有地にも、やはり農地として当たり外れがあり、比較的に耕作しやすい農地もあれば、そうとは到底いえない農地もあった。そのため一部から廖に対して不満が募った。

38

　嵩田への移動後は生きていくために石ころだらけの土地を一から開墾し、その耕作地で作物を栽培しなければならなかった。ただし、嵩田一帯は酸性土壌であるため、当初はもちろん稲作や野菜も作れず、作れる農作物といったら芋くらいだった。このように嵩田は農地としては肥沃な土壌とは言い難い土地であった。

　ただ、戦争によって放置された名蔵平野には、チガヤとかナザキなどの根強く繁殖力のある雑草が茂っていた。除草剤があれば手間も少ないが、例えばチガヤの場合、いったん根を張るとなかなか枯れないため、それをおこして枯らすにはたいへんな労力を要した。これも廖にとって名蔵平野から嵩田の原生林へ移動する動機の一つだった。

　だが、廖は嵩田をなによりパインもバナナも生産が見込める将来性のある新開地と考えた。パインは嵩田の原生林に変革をもたらすもので、それを引き出す一つの技術が焼畑式農法であった。焼畑は、開墾を容易にするのみでなく、土の中の雑草の種や根を焼くことで、作物と競合する植物を減らし除草の手間を減らすこともできるうえ、灰の一部は肥料にもなった。廖は焼畑が嵩田の原生林を農地として一転させるとわかっていた。

4.3　パインに翻弄される家族

　嵩田に移動した台湾人は、「戦争でやめさせられたパインを、いまこそよみがえらせたい、あのとき夢見たパイン王国・八重山を、こんどこそ実現させよう」（三木 2014: 35）と、いち早くパイン苗の増殖に取りかかっていた。1952年に廖は自宅の敷地内に廖農場パイン加工場をつくった。家内的な工場で規模は小さかったが、廖農場パイン加工場が次第に軌道にのり、家族の暮らし向きも豊かになっていった。当時は水牛や馬を引いていた時代である。幼少期の島田は、当時120万円（B円）もする台湾式の大邸宅に住み、農場には米軍払い下げのジープトラックもあった[5]。「パイン1本植えれば人夫一人雇えた」ほど、パインの価値が上がっていたため、廖農場には数人の人夫も出入りしていた。名蔵地域に自由移民として入ってきた人びとのなかにも廖

農場で働いていた人は少なくない。

　1955年には大川地区にあった林発が経営する林農産加工場と川原地区の大城満栄が経営する工場、嵩田地区の廖農場、それと山元パイン工場の4カ所の小型工場を統合し、琉球缶詰株式会社が設立された。新川地区に大規模な工場が建てられた。パイン生産者によるはじめての大型工場であった。

　こうした工場合併とともに、工場では栽培や生産、加工に合理的な優良種苗の導入や繁殖が積極的に行われた。島田が「猫も杓子もパインつくってな」というように、量産体制の時代到来である。

　だが、急激なパインの増殖は、原料過多を招き、工場では加工処理が追いつかない事態を招いた。いわゆる1959年の「パインショック」と呼ばれる出来事で、「パイン暴動」も起こった（仲村1993: 42）。島田は当時のことを次のように説明する。

　　島田：それでパインの苗があんなに広がったかっていうのは、伊野田とか大里とかも自由移民で入ってきている人たちがパイン植えたいっていうのに、お金がない。うちの親父は昭和22年から増殖した苗を全部に配ったんだよ。お金がないっていわれたから、貸してあげるから植えろって。そのときは1本5円（B円）だよ。5円っていうのがどういう金額かっていうと、女の人が一日働いたら45円だよ。大変な値打ちだろ。小さな苗は3円、大苗が5円っていう時代だったんだな。それをうちの親父は、金のない人には貸してあげて、収穫するときに1本につき2本を返しなさいって。収穫して返ってきた苗をまた次の生産者に貸したんだよね。それでうちの家もパインつくってるわけでしょ。それで昭和30年には、琉球缶詰つくって大型工場つくって、うちの親父はそこの農務部長におさまっていたんだけど。うちの廖農場は、パインの苗を貸して、植えさせて、買い上げていた。急激に苗を増やしたもんだから、パイン工場の処理がパンクしてしまって。親父は農務部長にいるもんだから、自分のパインを先に買い取るわけにいかなくて、自分のパインは

腐らして、他の生産者のパインを優先的に買い取ることに追い込まれて。パイン代は入らない、苗代はとっていない。だから俺の家は急成長して、急没落したんだな(笑)。家は差し押さえをくらったんだよ。だから俺は中学校までは御曹司、高校時代は急下降でね。
──あの、何でって思うのが、お父さんは苗で儲けなかったんですか？
島田：うちの親父はそういう人だった。とにかくお人好しで。

こうした廖氏が積極的に進めた開拓集落での苗の増殖や繁殖は、結果的に自らを苦しい状況に追い込むことになった。戦後いち早くパインの有望性を見込んで生産を再開した廖だったが、奇しくも合併した琉球缶詰の工場の処理能力が追いつかず、大量に青果を廃棄する事態に陥った。琉球缶詰の農務部長であった廖はみずからの農場の青果の買い取りを後回しにしたことで多額の負債を抱え、破産した。廖が所有していた台湾式の豪邸やトラックは差し押さえを受け、島田の家族は不自由のない暮らしから突如として困窮した生活を強いられた。

図2-3　米軍払い下げのジープ(写真提供、島田長政氏)

その一方で、パイン生産を集落全体で励んだ伊野田集落では、工場に卸す青果以外にも、苗の増殖・販売よって「一千万円農家」や「苗成金」が現れたといわれた。この伊野田集落の成功で、パインは儲かるという噂が広がり、さらに公務員や学校教員なども巻き込みながら生産が普及・拡大した。

4.4 パインから離れた「独立独歩」の農業

1954年にパイン缶詰が日本政府によって「南西諸島物資」として関税免除措置および外貨割当の免除など特別措置が講じられた。1959年にはパインアップル産業振興法で生産振興、価格流通、金融対策が規定された法律が制定された (高良 2006)。こうした法・政策の整備によって、八重山においてパイン缶詰産業はサトウキビに並ぶ基幹産業へと急成長した。当時は「どこもかしこもパインだらけだった」ように、八重山では1950年代後半から「パインブーム」が起こった[6]。

このパイン缶詰産業の全盛期、島田は八重山農林高校に通う高校生だった。廖が破産したこともあり、パイン缶詰産業による恩恵は全く受けなかった。当時の島田は優秀な学生で、農業クラブの発表会で「日本派遣」(留学) の声がかかった。だが、台湾でパスポートが発行できず断念せざるをえなかった。両親は台湾政府に島田の出生届を提出していなかったため、パスポート取得はおろか、戸籍もない状態だった。島田は「無国籍」問題で何度も苦い経験をした。

島田は1963年の高校卒業と同時に独立して農業を始め、2年ほどパインを生産していた。この時期にはすでに世界的な貿易自由化の趨勢が強まり、1960年には日本政府によって121品目輸入自由化が決定され、他の品目に比べていち早く1961年に生果パインが自由化されていた。八重山では、パインブームが覆っていたこともあり、新たにパイン生産に参入することはあっても、島田のように「ダメな時代がくるから」とパイン生産をやめることは珍しかった。島田のいう「ダメな時代」とは、交付金や補助金を頼りにした行政依存のモノカルチャー的な農業の体質である。

補助金に支えられた沖縄農業に対する批判的な語り口には、島田をはじめ台湾人に選挙権がなく、金融公庫等の公的資金が利用できなかったことも無関係ではない。さらに当時の農協に対して「結局僕らは公民権がなかったから、帰化するまで金は借りれない。信用外で利息が10.8％とられる。前引きでな」というように、台湾人は営農の資金繰りで相当に不利な状況にあった。農協のなかで「俺はいじめられたと思うさ」というような若い頃の理不尽な経験や、「パインつくってもサトウキビつくっても計算はみんな農協に回る。農協のいいなりだった」という不平から、20代前半から現在に至るまで農協とかかわらないで冬瓜野菜や果樹を生産し、生産組合を組織して市場や小売店に自ら販売するようになった。台湾人であるという法・制度的な身分が、島田を農協や行政依存のモノカルチャー的な農業から遠ざけた一因であった。

4.5 「働きかけ」がもたらす「主体性」

4.5.1 手間の省ける「換金作物」と呑み込まれる「働きかけ」

八重山におけるパイン缶詰産業の興隆は、貧しい移民開拓集落に換金作物をもたらし、暮らし向きに変革をもたらした。だが、その一方でできるだけ手間の省けるモノカルチャー的な農業の体質を地域社会に根付かせた。

なぜならば、パインやサトウキビのような工場における加工技術ありきの農作物の生産は、生産量が重視されるため、一定水準の品質があれば、それ以上の質的価値が生産者に求められることはない。一定水準とは、サトウキビであればブリックスや糖度、パインであれば規格サイズの程度である。こうした制度的な水準の設置は、それ以上の農作物への「働きかけ」を生産者から奪いかねず、「可能性を見失う」生産者を生み出してきた一面がある。さらに市場を介さないパイン缶詰やサトウキビを中心とした沖縄農業の行政依存の体制は、島田からしてみれば「良いものをつくっても一緒くたにされるから、おもしろくない」というような「働きかけ」が制限された農業であった。

さらに島田は規模拡大の営農について次のように綴っている。

2章 パイナップルの両義性　*43*

　「農業経営の中で規模拡大という言葉があたかも面積をふやす事のように言われていますが、私は限られた土地の中で土壌の生産力を高めていくこともある面で規模拡大になると思います」（八重山毎日新聞、1979年10月10日）

　以上で島田が記した「土づくり」はいっそう手間のかかる作業でもある。もちろん、生産できる農作物も限られてくる。だが、嵩田地域で生きてきた島田は「この土のなかで生きてきたから、これが普通で。不自由を感じていない」という考えをもつ。そのため一般的に考えられる国頭マージの土壌の「欠点」は自らの農業を考える糧であり、この土壌のうえで「何ができるか」を追求してきた。この「土づくり」の一つの方法として進めたのが、化学肥料に頼るだけでなく、もみ殻や牛糞を自ら調整して元々の土壌の生産力を高めようとする工夫である。もちろん、これまで無駄や失敗と思われてしまうようなこともあったが、その事実を確かめながらマンゴーをはじめいくつもの農作物への「働きかけ」を積み重ねてきた。

4.5.2 「パインと歩み続ける」ことの「働きかけ」

　先に述べたように、島田は完熟マンゴーの栽培技術面ともに、販売面においても宅配便を利用した産地直送のパイオニア的存在である。毎年、島田のとろけるような完熟マンゴーを求める顧客が後を断たない状況が続いている。しかし、島田はマンゴーよりパインのほうが農作物として「働きかけの対象としての可能性」があると踏んでいるようだ。

　──パインにはもう興味はないんですか？マンゴーだけですか？
　島田：興味ないっていうよりかは……そんなこといいながら、俺はずっとパインにかかわってきたから。パインと歩み続けてきたから。パインに興味があるし、今マンゴーつくってるけど、パイン農家にはパインの方がマンゴーより商品力あるよっていっているんだよ。俺のマンゴーね、

1個1000円するけど、パインだってそれだけの値打ちがあると思ってるわけよ。売っている人はさ、結局、1000円で売ってるじゃない。それだけの商品力があるわけだからさ、作り方で技術がもっと進歩したら、パインの方がね。しかもさ、あれよ。つくる土地っていうのが限定されてるからさ。とにかくパインは僕は良い商品だと思ってるよ。

このように島田は長いあいだパインを生産していないにもかかわらず、現在まで名蔵・嵩田地域の「欠点」と考えられてしまっていた酸性土壌が施設栽培のマンゴー以上に活かせる露地栽培のパインへのこだわりや期待を持ち続けている。

島田は、生果としてパインはまだ発展途上の段階にあり、これからの「試行錯誤の研究」次第であるという。こうした考えから、戦後すぐにパイン苗の繁殖やその普及・拡大につとめた廖と同様に、島田も自らが持つ台湾のネットワークを頼りに、石垣島におけるパインの新品種の導入や養成で一役買っている。それは新品種の導入とともに生産者の栽培技術や流通形態の選択次第で、マンゴーより高く評価される「可能性」があると考えるからである。ここで指す高い評価とは、市場を介して売れるかどうかである。市場あるいは消費者によって商品価値が認められることが、島田のなかで50年間ものあいだ自らの課題としてきた行政依存を前提としてきた沖縄農業の「自主性」の回復にもつながるからだ。

5.「資源」の両義性——パインをめぐる地域の「可能性」

前節では、石垣島の農業をリードする名蔵・嵩田地域で生きる島田長政にとって、パインが自分史を投影する「地域化」された「資源」として内面化される過程を記述してきた。

戦後にパイン缶詰産業の礎を築いた父親のもとで生まれ育った島田は、幼少期から青年期にかけて、パインによって生活の糧や豊かさが与えられる一

2章　パイナップルの両義性　　45

方で、パインによって豊かな生活が奪われる経験をした。

　パイン缶詰産業は、日本政府や琉球政府による特恵措置や保護政策のもと
で八重山の基幹産業として急成長したが、パインは地域社会や個人が「働き
かけ」る対象としての「資源」にまでは発展しなかった。それは島田の「良い
ものをつくっても一緒くたにされる」という語りにも表れているように、モ
ノカルチャー的な農業が推進され、缶詰工場に卸す「原料」として「地域性」
とは切り離されて生産されたことが一因としてあげられる。加工過程を前提
とするモノカルチャー的な農業によって、農家はパインの「可能性」に「働き
かけ」るどころか、「働きかけ」に対する制限が設けられてしまう体制に組み
込まれてしまったのである。

　「独立独歩」で農業をせざるを得なかった環境にいた島田は、農家の「働き
かけ」を奪いかねないモノカルチャー的な農業の制度的な体質を憂い、本来
あるべき農家として「主体性」を失ってしまっている農家を批判的に捉えて
きた。だが、島田にとってパインという農作物は沖縄農業「可能性」を見失
わせる批判の対象であったと同時に、名蔵・嵩田地域の酸性土壌を活かせる
農作物として、これから農家自身の試行錯誤の「働きかけ」によって沖縄農
業の「可能性」が拡げられる両義的な意味をもつ「資源」として捉えられてい
た。

　島田の「パインと歩み続けてきた」という語りに集約されるように、島田
は生産をやめたパインに対しても、決して関係のないものとは捉えていな
かった。当然、パイン缶詰産業の基盤を築いた廖の存在が強く影響している
が、パインに家族が翻弄された経験も含め、パインが自らの視野を拡げ、農
業を変容する社会関係として在り続けたからである。ここで展開してきた
「資源」の「地域化」は、「資源」が地域社会において直接的に利用されるだけ
でなく、「資源」をとおして地域社会での自らの生き方を問い直すものとし
てあることが示された。

注

1　内閣府沖縄総合事務局農林水産部HP「沖縄の自然環境　3.土壌」を参照した（http://ogb.go.jp/nousui/nns/c1/page3-3.htm、最終閲覧2017年5月1日）。

2　石垣市『統計いしがき』（平成27年度　第38号）を参照した。

3　沖縄振興計画とは、計画期間が15カ年であったことから「沖縄県振興一五カ年計画」ともいわれる。1932年11月に閣議決定され、翌年から予算化されて実施された。期間中の総予算は約6,846万である。振興計画は、産業、土地改良、道路・橋、港湾、治水、鉄道、など多岐にわたっていた。とくに農業生産の向上のために、農地を改良し、移民による開墾奨励を進めた（三木2013）。

4　1945年に日本がポツダム宣言を受け入れ、敗戦になった時点で台湾は日本からの植民地支配を解かれた。日本の植民地出身者は「原状回復」の考え方により日本国籍を失い、台湾人は中華民国籍を付与されたこととなった。1947年の「外国人登録令」では「当分の間、外国人と見なす」とされ、日本国籍を保持しつつ外国人登録が義務とされた。ただし、沖縄そのものが占領下にあり、日本国民としての法的な地位を失っていたため、米軍側が台湾人をどのように処遇されたかは正確には明らかになっていない（松田2004: 76）。

5　B円とは、1945年から1958年まで通過として流通した米軍発行の軍票である。

6　八重山全体の収穫面積でいえば、1955年には38ヘクタールに過ぎなかったのが、1967年には1,693ヘクタールにまで達した。八重山の移出総金額のおよそ3分の2をパイナップル缶詰が占めた（新井・永田2013:115）。1960年には八重山では10工場にまでパイン缶詰工場が増えたが缶詰工場のほとんどは日本資本や商社や食品会社が出資した会社だった（水田2010:71）。だが、製造コストを抑えるという観点から缶詰工場は「一島一工場」程度が適当であると早くから指摘され、各工場で原料争奪戦が生じていた（新井・永田2013: 121）。工場のなかには「原料」を確保するために、農地拡大を図った貸付けを行ったり、生産量が多い農家に対して慰安旅行やボーナスの支給、運搬車の手配などの待遇を行ったところもあったという。

参考文献

荒木一視,2013,「フードレジーム論と台湾の食糧貿易──第1次レジームと植民地経営を中心に」『山口大学教育学部研究論叢』63(1): 31-49.

新井祥穂・永田淳嗣,2013,『復帰後の沖縄農業──フィールドワークによる沖縄農政論』農林統計協会.

エリック・ジンマーマン（ハンカー編、石光亨訳）,1985,『資源サイエンス——人間・自然・文化の複合』三嶺書房.

後藤乾一,2015,『近代日本の「南進」と沖縄』岩波書店.

金城朝夫,1988,『ドキュメント　八重山開拓移民』あ〜まん企画.

北村嘉恵,2014,「パインアップル缶詰から見る台琉日関係史」『境界研究』北海道大学スラブ研究センター内グローバルCOEプログラム「境界研究の拠点形成：スラブ・ユーラシアと世界」,(0):133-139.

高良亀友,2006,『戦後沖縄農業・農政の軌跡と課題』沖縄自分史センター.

松田良孝,2004,『八重山の台湾人』南山舎.

三木健,2010,『「八重山合衆国」の系譜』南山舎.

————,2014,『龍の舞い　八重山パイン物語』八重山台湾交流協会.

水田憲志,2010,「八重山と台湾を行き交う人ともの」『地理』古今書店,55 (2):66-75.

仲村喜永,1993,『ふりかえりて……』沖縄自分史センター.

名蔵入植50周年記念事業期成会編,1999,『名蔵入植50周年記念誌——自由移民のあゆみ』名蔵入植50周年記念事業期成会.

大城喜信・浜川謙,1980,『よみがえれ土——沖縄の土壌とその改良』新報出版.

沖縄県農林水産行政史編集委員会,1987,『沖縄県農林水産行政史　第四巻（作物編）』農林統計協会.

林発,1984,『沖縄パイン産業史』沖縄パイン産業史刊行会.

佐藤仁編,2008,『【未来を拓く人文・社会科学シリーズ08】資源を見る眼——現場からの分配論』東信堂.

————,2011,『「持たざる国」の資源論』東京大学出版会.

新城恵美・仲村公雄編,2001,『入植50周年記念誌』入植50周年記念事業期成会.

佐々木高明,1970,『熱帯の焼畑』古今書院.

関沢俊弘,2003,「植民地期台湾におけるパイナップル缶詰工業の展開——台湾人工場の発展をめぐって」『早稲田経済学研究』58: 1-29.

関礼子,1997,「自然保護運動における『自然』——織田が浜埋立反対運動を通して」『社会学評論』47(4): 461-475.

臺灣總督官房調査課,1928,『南支南洋鳳梨事業』臺灣總督官房調査課.

台湾農業者入植顕頌碑建立期成会編,2012,『台湾農業者入植顕頌碑建立記念誌』台湾農業者入植顕頌碑建立期成会.

嵩田公民館記念誌編集委員会編,1996,『嵩田50年のあゆみ』嵩田公民館記念誌編集委員会.

陳慈玉,2012,「日本統治期における台湾輸出産業の発展と変遷（上）」『立命館経済学』65(5): 659-691.

八重山農林水産振興センター農業改良普及課,2016,「普及やいま」136号.

米本仁巳,2008,『マンゴー——完熟果栽培の実際』農山漁村文化協会.

『月刊やいま』「特集聞き書き　秋雄おじいの昔語り」（2007年9月号・10月号・

48

12月号).

3章　曖昧化する「境界」
——石垣島市街地の台湾出身者への聞き取りから

小松　恵

1.見えにくい存在

　石垣島には、台湾にルーツを持つ人びとが暮らしている。以前は、見えにくい存在であった台湾系の人びとだが、パイン産業への貢献を起点とし、その存在を可視化させようとする動きがある。石垣島のパイン産業は、戦前に台湾から石垣島にパインの苗が持ち込まれたことをきっかけに、戦後も台湾系の人びとを中心にパインの栽培、缶詰工場の経営、労働が行われてきた。1950年代末から「パインブーム」と呼ばれるほどのパイン産業の興隆がみられ、最盛期をむかえた1960年代には石垣島の基幹産業となった[1]。沖縄の本土復帰にともないパイン産業は衰退していくこととなったが、石垣島の経済に多大な影響をもたらしたことには変わりない。

　こうしたことを踏まえ、2000年代以降には、石垣島の台湾系の人びとを取りあげた『八重山の台湾人』(2004)、『石垣島で台湾を歩く』(2012)などの書籍が刊行され、2015年には『はるかなるオンライ山〜八重山・沖縄パイン渡来記〜』(監督:本郷義明)という台湾系の人びとによるパイン産業への貢献を描いたドキュメンタリー映画が公開された。このような流れの中で、石垣島内でも名蔵・嵩田地区がパイン産業の拠点であり台湾系の人びとの集住地域であるとの認識が、石垣島では浸透しつつある。たしかに、台湾系の人びとが戦前に入植し、パイン産業や製糖業によって生活基盤を築きあげてきたのは、名蔵・嵩田地区である(2章参照)。

　その一方で、市街地で暮らす台湾系の人びとも増えているという。市街地

は、石垣島の南部に位置し、大川・登野城・石垣・新川の4つの字から成ることから「四箇字」と呼ばれてきた。1960年代以降、港の埋め立て事業が行われ、現在では「四箇字」に美崎町・新栄町・浜崎町が加えられた一帯が市街地になっている。市街地では、名蔵・嵩田地区のように台湾系の人びとが集住することも、パイン産業のように台湾系の人びとに共通の産業基盤もみられない。市街地で「台湾」として可視化されているのは、石垣島に定住している台湾系の人びとよりも、観光クルーズ船でやってくる台湾からの観光客である。

　こうした中で、より見えにくい存在となっているのが、市街地に暮らす台湾系の人びとである。これは、従来のパイン産業と結びついた「台湾系」という表象だけでは捉えきることができず、「台湾系」であることを積極的に提示していく必要に迫られていない生活の存在を意味している。

　しかし、当事者によって意識されることは少ないかもしれないが、日々の生活を生き抜いていく中で、台湾系であることがたちあらわれる場面はしばしば存在する。本章では、生き抜いていくための試みや、その創意工夫の中でたちあらわれる台湾系に焦点をあてる。また、従来の研究で用いられてきたエスニシティ概念によって「台湾系」として捉えられてきた事柄においても、実際の生活の中で当人たちにとっては生き抜いていくことが優先されてきた側面があることにも着目したい。これにより、市街地で暮らす台湾系の人びとを取りかこむ、石垣島の重層的な社会を捉えることが本章の目的である。そこには、石垣島の地元住民と台湾系住民との対立や葛藤を、パイン産業への貢献の可視化により乗り越えようとする動きをこえた、現在の石垣島の姿がみえてくるはずである。

2. 石垣島の台湾系の人びと

2.1　台湾系の人びととは

　石垣島に台湾系の人びとがどのくらい居住しているのか、正確な人数を把

握することは難しい。台湾系の人びとはその大半が帰化しているため、統計上では日本国籍者として扱われている。1972年には沖縄の本土復帰にしたがい、沖縄県に在住する外国籍者の無条件帰化が許可され、帰化手続きの一時的な簡易化が行われた。また、同年には日本が中華民国（台湾）との国交を断絶し、中華人民共和国（中国）と国交を結んだこともあり、1970年代の沖縄では中華民国籍の人びとの大量帰化が生じた（表3-1）。こうした背景があり、石垣島の台湾系の人びとの数を国籍別に集計した人口統計から把握することは、困難となっている。石垣島で出会った台湾系の人びとからは、現在では「100世帯あまり」であると聞いたが、若い世代やここ数年の間に台湾から石垣島に移り住んできた人については把握しきれていないとのことであった。

　こうした台湾系の人びとは、どのような経緯で石垣島に定住するにいたったのだろうか。森田真也は、石垣島の台湾系の人びとを対象とした研究の中で、移住の経緯を5つの時期に分けて整理している（森田 2015: 36-38）。まずは、日本が台湾を植民地統治下に置いていた頃の移住である。戦前は、現在とは異なり、八重山諸島と台湾との間に国境線は引かれていなかった。第1期は、戦前の西表島での炭鉱労働を目的とした移動や、昭和初期以降の石垣島に商業目的の移動が行われた時期である。西表島の炭鉱は1943年に閉山したため、その後石垣島へ移り住んだ台湾出身者も多くいた。第2期は、農業を目的とした移動が行われた時期である。石垣島の北部・中部にはマラリア流行のため未開拓地が広がっており、沖縄県が昭和期に入り自作農の開墾を奨励したことにより、台湾からの入植者が相次いだ。第3期は、台湾人実業家がパインや茶の商業栽培を目的に起業し、労働力充足のために台湾から名蔵・嵩田地区への移住が行われた時期である。こうして、石垣島の中でも特に名蔵・嵩田地区に、台湾人が居住することとなった。しかし、戦争がはじまると石垣島でも空襲が激化し、石垣島で暮らしていた多くの台湾出身者が台湾へ疎開した。

　戦後になると、そうした人びとが石垣島の名蔵・嵩田地区に再び移住した。

表3-1　石垣島の台湾出身者に関わる年表

年（月）	出来事	国籍の変遷	移動の主な流れ
1872年	琉球藩設置		
1879年	沖縄県設置		
1891年	「八重山開墾規則」制定 石垣島での開墾認可		
1895年	日清戦争後、 下関条約締結	台湾を植民地支配 日本国籍に	
1920年代			【第1期】 商業目的で石垣島へ
			【第2期】 開拓農民として石垣島へ
1935年	台湾人実業家により大同 拓殖株式会社設立		【第3期】 1930年代 大同拓殖株式会社への就 労者や台湾人農民の増加
1939年	台湾人排斥運動 「茶山事件」2		
1943年	西表島の宇多良炭鉱閉山		一部の台湾人炭鉱労働者 が石垣島へ
1945年	終戦	植民地解放	【第4期】 闇船で石垣島へ
1947年	「外国人登録令」	「当分の間、外国人と見 なす」とされ、日本国籍 を保持しつつも、台湾出 身者は外国人登録が義務 とされる	
1949年	国共内戦の後、 中華民国政府が台湾へ		
1952年	・サンフランシスコ講和 条約発効 ・法務省人事局長通達「平 和条約発効にともなう国 籍及び戸籍事務の取り扱 いについて」 ・「外国人登録法」公布	日本国籍の喪失、 中国（中華民国）籍へ	
1960年代か ら1972年	「技術導入」事業		【第5期】 1962年にパイン労働者を 受け入れたことをきっか けに、パイン、製糖業へ の従事者を中心に台湾人 労働者が石垣島へ
1972年5月	沖縄の本土復帰	無条件帰化の許可	
1972年9月	中国との国交正常化、 台湾との断交	中国籍が中華民国ではな く、中華人民共和国を意 味するようになる 台湾出身者の大量帰化	
2012年	在留カード制度導入	国籍の「台湾」表記が可能 に	

終戦後、植民地解放となった台湾と八重山諸島との間には、国境線が引かれた。そのため、台湾から石垣島へ海を渡るときには、闇船に乗って与那国島まで行き、そこから船を乗り継いで石垣島に向かう必要があった。第4期は、このようにして主に農業を目的とした移住が行われた時期である。1960年代に入ると、名蔵・嵩田地区の台湾系の人びとを中心に続けられてきたパイン産業が最盛期をむかえた。これに関わる移動が行われたのが、第5期である。ちょうどこの時期、沖縄県は労働力不足や過疎化などを理由に、台湾や韓国から外国人労働者の受け入れ事業——技術導入を行っていた。台湾人労働者の受け入れについては、1962年に台湾から石垣島へパイン労働者の技術導入が行われたことをきっかけに、日本と台湾が国交を断絶する1972年までつづいた。このときに、主に「パイン女工」と呼ばれるパイン缶詰工場で働く女性たちが台湾から移動してきた。技術導入事業の終了後も台湾に帰ることなく石垣島に定住した人びとは、現在の台湾系の人びとの一部となっている。

2.2 台湾系の人びとのエスニシティを捉えた研究

石垣島の台湾系の人びとを対象とした研究には、野入直美 (2000, 2001) と森田真也 (2015) がある。野入は、台湾系の人びとの生活史を地域の社会構造に照らしあわせつつ、石垣島における台湾人と沖縄人の「境界」の変容を捉えた。森田は、台湾系の人びとが行う土地公祭に着目し、その変遷と自他意識の関わりについて論じた。これら2つの研究は、前者は生活史という主観的側面、後者は土地公祭という客観的側面からアプローチをしている点では異なるが、どちらもエスニシティ概念を用いて考察している。

エスニシティ概念の定義にはさまざまあるが、フレデリック・バルトによって、文化の中身がエスニシティを規定するのではなく、集団と集団の間に生じる「境界」こそがエスニシティを規定すると論じられた (Barth 1969=1996)。以来、エスニック集団の「境界」に着目することが重視され、中でも原初的アプローチと道具的アプローチという2つの立場からの研究が

蓄積されてきた。野入と森田も、この2つのアプローチから石垣島の台湾系の人びとのエスニシティを捉えようとしている[3]。原初的アプローチとは、血縁や言語・宗教・領土などへの親近感が人びとをつなげる基本的な要素であり、そうした「原初的紐帯」にもとづくエスニシティを捉える立場である。それとは異なり、エスニシティを戦略的に選択したり、文化的シンボルを資源として利用する側面を捉え、組織的な利益追求の手段と結びつけて考える立場が、道具的アプローチである。この2つは、対立的なものではなく、混在しているといわれている[4]。

　野入は、戦前の石垣島における台湾人排斥運動や、戦後に子どもたちが「タイワンナー」と呼ばれいじめを受けた経験などをふまえたうえで、それでも戦後以降、表立っては台湾人の排除が生じなかった理由として、戦後の石垣島のパイン産業が台湾人実業家と沖縄人実業家との協同によって発展したこと、技術導入を通じて台湾から新たにやってきた労働者がパイン産業に従事したことをあげている。その結果、台湾系の人びとによる石垣島のパイン産業への貢献が知られるようになり、名蔵・嵩田地区も一種の威信を持つようになった。台湾系の人びと自身にも、そうした文脈を参照しながら生活史を語る様子が見られた。このように、個人のライフステージやパイン産業への貢献の可視化によって、台湾人と沖縄人の「境界」がさまざまに変容してきたことが明らかにされている。また、パイン産業の最盛期以降に石垣島へやってきた「新来者」の台湾人からは、中国語という言語資本や台湾人としての意識を吸収することで、石垣島で暮らす台湾系の人びとのエスニシティが継承されていることが示された。

　土地公祭の変遷に着目しているのが、森田である。土地公祭とは、台湾で信仰されている土地の神「土地公」を祀り、無病息災、商売繁盛を祈る行事である。石垣島では、60年以上継続されており、旧暦の8月15日に合わせて行われる。近年では、参加しやすいように休日に合わせて開催されることもある。森田は、土地公祭の変遷と、石垣島社会での台湾系の人びとのポジションの変化を関連づけて論じている。土地公祭は、戦前の台湾人排斥運動

の時期に結成された「八重山台友会」[5]が主催することで、個人ではなく集団によって行われるようになった。当時の土地公祭は、石垣島の地元住民との相互理解や、石垣島社会に対して自らのポジションを可視化し、安定化させることも意図されていた。パイン産業が最盛期をむかえた1960年代に、石垣島の台湾系の人びとの存在が徐々に可視化されはじめると、土地公祭は石垣島の「(台湾系)華僑」として自らを位置づけるための文化的シンボルとなった。大量帰化や世代交代を経験してきた1970年代以降は、アイデンティティの多様化を背景に土地公祭への参加者が減少している。現在では、台湾系の人びとによる共通の文化的シンボルの操作や発信は積極的には行われておらず、「ゆるやかなネットワーク」が形成されていると森田は指摘する。

　これらの研究からは、台湾系というエスニシティの原初的側面と道具的側面の両方がみてとれる。石垣島の台湾系の人びとは、パイン産業への貢献という文脈を参照しながら台湾系である自己を語る。石垣島社会での台湾系の人びとのポジションの変化にしたがい、土地公祭が出自をもとにした宗教実践の場となったり、「台湾系」としての文化的シンボルとして強調されたりする。しかし、森田の指摘にもあるように、現在の石垣島では「台湾系」としての文化的シンボルは強調されていない。さらには、パイン産業への貢献という文脈だけでは捉えきることのできない生活も存在している。それは特に、戦前からの集住地域でもなくパイン産業の拠点でもない市街地に暮らす人びとの生活からうかがうことができる。「台湾系」であるという所属意識や「台湾系」としての文化的シンボルではなく、従来のエスニシティ概念を軸とした視点では捉えることのできなかった、日々を生き抜いていくための試みの中にたちあらわれる台湾系というものが存在している。

　以下では、市街地で暮らす台湾系の人びとの生活の中に、台湾系であることが見えてくる場面に着目する。それは、石垣島で暮らしていくための試みのうちに、台湾系という出自による資源を生かすことのできたときや、その反対に、そうした試みが切断されてしまったときにたちあらわれる種類のものである。また、従来「台湾系」というエスニシティとして捉えられていた

場面にも、実際には台湾から石垣島へ移住し、「ここで生き抜いていかなければならない」というような生活にそくした感覚が優先されていたことも示す。

3.「台湾系」では語りきれないもの

「うちはパインじゃないから、話すことないよ」。

　台湾系の人びとのパイン産業への貢献が可視化されはじめている一方で、市街地に暮らす人びとやパイン産業とは直接の関わりなく石垣島へやってきた人びとの中には、「台湾系」として話すべきことはないと感じている人もいる。本章では、パイン産業への貢献という文脈で語られたことではなく、「台湾系」表象を通しては可視化されることのなかった側面にあえて着目する。そこから、従来のエスニシティ概念では捉えることができなかった、実際の生活にそくした感覚と、そうした感覚のもと、石垣島で生き抜いていこうとする試みの中で台湾系であることがたちあらわれてくる場面をとりあげる。

3.1　名蔵から市街地へ——A氏

3.1.1　名蔵での生活

　まずは、台湾系の人びとの集住地域であり、パイン産業の拠点でもあった名蔵・嵩田地区から市街地に移動した経験をもつA氏（80代・女性）の生活史を概観する。台湾中部出身のA氏は、終戦直後に夫の親戚を頼ってやっとの思いで闇船に乗り、石垣島へわたってきた。戦後、植民地解放となり、「外国人」とされた石垣島の台湾出身者たちは、当時の石垣町[6]から借りていた土地の返還を求められ、1947年から1951年にかけてカード地区と呼ばれる石だらけの土地へ移住させられた。A氏が石垣島で最初に暮らしたのも、このカード地区である。戦後の食糧不足の中、荒れた土地での生活は「三食はイモ、おつゆはイモの葉」というような厳しいものではあったが、台湾出身

3章　曖昧化する「境界」　57

者どうしで助けあいながら生活をしていた。戦後のパイン産業の基礎をつく
りあげたのも、このカード地区に移住させられた台湾出身者らだったといわ
れている。その後、A氏一家は名蔵に移り、名蔵に居住する台湾出身者や宮
古島出身者らとパインやサトウキビを栽培するかたわら、雑貨屋をいとなむ
ようになる。仕入れを市街地の商店から行っていたことから、名蔵の住民だ
けではなく市街地の住民との関わりも生まれるようになった。A氏は、仕入
れた品物に対し、パインの収穫時期に一括で支払うことを許してくれた市街
地の商店への「恩義は死ぬまで忘れない」という (4章参照)。

　先行研究でも指摘されている点ではあるが、名蔵に住んでいた頃のA氏の
生活からは、台湾系の人びとがパイン産業に貢献したことやパイン産業の発
展が名蔵に居住する台湾系の人びとの生活に影響を与えてきたことがわかる。
A氏も「パインの良い値段の時期」には、かやぶき屋根の家からコンクリー
トの家へ建てかえることもできたと話す。しかし、名蔵は台湾系の人びとの
集住地域として閉ざされていたわけではない。名蔵は、宮古島出身者の集住
地域でもあった。それに加え、当時はバスの本数も少なく、石垣島内の移動
にも一苦労であったというが、名蔵と市街地との行き来が容易ではないから
こそお互いへの配慮も生まれていた。A氏は車掌に頼み、バスを利用して市
街地の商店へは伝票を送り、市街地の商店からは品物を運んでもらっていた。
また、仕入れ先として付き合いのあった市街地の商店の人が台風のときにA
氏の畑を心配して、名蔵まで馬車で駆けつけてくれたこともあった。このよ
うなA氏の経験からも、市街地と名蔵を結ぶ人間関係が形成されていたこと
は明らかである。

3.1.2　帰化と氏名

　パイン産業が最盛期をむかえる1960年代の前半に、A氏は家族とともに
帰化をしている。1970年代には石垣島の台湾系の人びとの大量帰化が起こっ
たが、それより前の帰化には、資金、複雑な手続き、そして日本の教科書を
用いた試験を通過しなければならなかった。それらを乗り越え、帰化を果た

したA氏一家は、氏名を日本風に変える必要があった。石垣島の台湾系の人びとの帰化については、沖縄の苗字よりも内地の苗字をつけることが多かったといわれている。それは、沖縄出身者に対する差別を回避するためでもあった。

しかし、A氏は「自分で書ける字をつけただけ」と話す。親戚から「この子に勉強させたら、将来財産を奪われてしまうよ」と言われ、台湾で小学3年生までしか学校に通うことが許されなかったA氏には、＜内地―沖縄＞という権力構造を背景としながらも、その手前には、識字という壁が存在していたのである。戦後に台湾から石垣島にわたってきた女性で、日本語と台湾語のどちらも十分に読み書きできないのは、A氏だけではない。

A氏も、帰化を経験した多くの台湾系の人びとと同様に、帰化への抵抗はなかった。外国人として扱われるよりも日本人として扱われたほうが、石垣島で子どもたちとともに暮らしていくことを考えると、より良い選択であった。帰化後、A氏は夫の希望により市街地に移り、食堂をはじめた。食堂は繁盛し、夫は自転車のハンドルと荷台に載せられるだけのそばをすべて載せ、遠くまで出前にも行っていた。だが、それも長くは続かなかった。夫を早くに亡くすこととなったA氏は、ひとりで子どもたちを育てるために必死で食堂を切り盛りしたが、医者からこれ以上手脚を酷使しないほうがいいと止められ、やむなく食堂をたたむこととなった。その後は、子どもたちが市街地で青果店をはじめたため、その手伝いをしながら一緒に暮らしている。

3.1.3 台湾語の継承

現在でも、A氏は週に何度か「もやしちぎり」をしながら、台湾から受信した台湾語のラジオ放送を聴くことを日課に、子どもや孫、ひ孫たちに囲まれた生活を送っている。土地公祭にも継続的に参加しており、伝統にのっとった形式へのこだわりも見せる。

A氏の子どもたちは、台湾語を聞き取ることはできても話すことはできない。その背景には、台湾語を話すといじめられた子どもの頃の経験がある。

特に台湾系の人びとが集住していない市街地で、こうしたことはよく見られた。家族の中で、自分しか台湾語を話すことのできない状態を、A氏は「（台湾語を子どもや孫たちも）勉強しておけばよかったのにさー」と心配している。それは、台湾語という言語への単純な愛着にはとどまらない。「台湾行っても親戚なんかと話しできないでしょ？結局、子どもたちが親戚ところ行くってなったら、私もついて行かんといけない。だけど行けないさ」というように、A氏も高齢期になり、簡単には台湾に行くことができなくなってしまった。そのため、子どもたちが台湾語を話すことができないと台湾にいる親戚とのつながりが途切れてしまうのではないかという懸念がある。

　従来の研究では、原初的アプローチと道具的アプローチからエスニシティが検討されてきた。A氏の経験からも、これらのアプローチによって捉えることのできる側面もあるが、エスニシティ概念によって捉えられてきた事柄についても、実際の生活にそくした感覚が優先されている場面があった。エスニシティを精神的な支えにしたり、文化的シンボルとして活用するといった従来の枠組みだけでは、こうした感覚は捉えきることができない。帰化のときの氏名の付け方については戦略的なエスニシティの選択として、台湾語の継承については言語を通じた自らのエスニシティへの愛着の表出として解釈することも可能である。しかし、実際には台湾から近くて遠い石垣島で生活していく中で、読み書きの困難や親戚付き合いへの懸念などに対応していくことが優先されてきたのである。

　A氏は、台湾系の人びとの集住地域であり、パイン産業の拠点でもあった戦後の名蔵での暮らしも経験している。名蔵では、台湾出身者どうしで助け合い、共通の出自や言語に基づく「原初的紐帯」が築かれていた。その一方で、市街地の住民との関係も形成されていた。パイン産業の最盛期を目前にして市街地に移動したこともあってか、A氏の口から石垣島のパイン産業への貢献の文脈で、台湾系が語られることはなかった。

3.2 「運び屋」——B氏

　A氏は食堂をたたんだあと、少しだけ「運び屋」をしたことがあると話していた。「運び屋」とは、台湾、石垣、そして那覇を結んでいた定期貨物船を利用して行う行商のことである。定期貨物船は、1962年から運航をはじめた。市街地の台湾系の人びとのうちおよそ十数名が、この貨物船に乗って「運び屋」をしていた。「運び屋」をしていた台湾系のひとりであるB氏（女性）は、今もなお市街地で暮らしている。「運び屋」をしていた頃は石垣島でも台湾でも物がよく売れ、関わる人も多く「楽しかった」と話す。本人の希望により、B氏については「運び屋」に限定して記述していくが、この「運び屋」の事例からも、市街地に居住する台湾系の人びとによる、生活をつづけていくための創意工夫とその中からたちあらわれる台湾系というものがみえてくる。

　「運び屋」として行き来していたのは、主に石垣や那覇からの台湾系の1世と、台湾からの「台湾の人」であった。「運び屋」をしていた台湾系の人びとの多くは、台湾から仕入れた品物を売る雑貨店を営んでいた。かつての市街地には、台湾系の人びとによる雑貨店が複数あったという。しかし、定期貨物船を運航していた会社が2008年に燃料価格の高騰の影響で倒産した。これにより「運び屋」ができず台湾からの仕入れが困難となり、市街地にある台湾系の人びとの雑貨店は店をたたむか縮小せざるをえない状況に置かれることとなった。

　市街地で雑貨店を営んでいた台湾系の人びとにとって、知恵をはたらかせながら行われる「運び屋」の仕事は重要なものであった。石垣島では沖縄本島や内地から品物が入ってきており、それだけ価格が高くなっているため、「運び屋」の人びとは、那覇で仕入れをしていた。那覇で仕入れていたものは、薬、服、靴などで、当時は「なんでも売れた」という。B氏は土曜日の夕方に船に乗り、日曜日の朝に台湾中部の基隆に到着するようにして、台湾に向かっていた。乗船客には常連が多かったため船員とも顔見知りになり船の中で宴会をすることもあり、「運び屋」に関わる台湾系の人びととの関係が育

まれていた。船が基隆に到着すると、荷物をおろしてもらい、「赤帽」に品物を卸す先まで運んでもらう。その後は、夜まで台湾の各地をまわって仕入れをする。「ニラの花」やサヤエンドウなどの石垣島ではあまり目にすることのない野菜、スンシー[7]、雑貨、農具、衣料品などを、当時の台湾では安く仕入れることができた。仕入れた品物はタクシーには載せることができないほどの量であったため、「運び屋」をしていた他の数人と料金を負担しあい、トラックを借りて基隆まで荷物を運んでいた。

　こうして日曜日の夜にまた船に乗り、月曜日の朝に石垣島に戻り、台湾から運んできた品物を自分の店で売ったり他の店に卸したりしていた。台湾では物価が安く、石垣島へ持ち帰ったものもそれだけ安く売ることができた。当時の市街地には十八番街という歓楽街があり、スナックで働く女性たちは衣料品などをよく買っていた。しかし、沖縄の本土復帰による石垣島の観光地化の影響を受けてか十八番街への規制も強化され、スナックは次々に閉店した。現在では、十八番街ではなく美崎町一帯が石垣島の歓楽街としてにぎわいを見せている。

　このように、市街地の移り変わりの影響を受けつつも「運び屋」によって商売をしていた台湾系の人びとであったが、定期貨物船の運航会社が倒産し、「運び屋」をつづけることができなくなってしまった。船ではなく、飛行機で「運び屋」をすることも不可能ではなかったが、石垣から台湾への直行便はないため、一度那覇まで行かなくてはならない。また、飛行機は船よりも持ち込み制限が厳しいため、少量の荷物しか運ぶことができない。こうして定期貨物船の運航終了は、石垣島の台湾系の人びとの「運び屋」という仕事の終わりも意味することとなった。台湾系の人びとの中には、「運び屋」によって生計を立てていた人もいた。そのため、「運び屋」の終わりは、市街地で暮らす台湾系の人びとの生活に少なからぬ影響を与えた。

　現在では、週に3度、貨物船ではなく台湾からの観光クルーズ船が石垣島に就航している。定期貨物船が運航していた頃は、台湾から来る「台湾の人」の「運び屋」も多くいたというが、観光クルーズ船を利用して「運び屋」をす

る人はあまり見かけないそうだ。B氏は、今後、たとえ台湾と石垣と那覇を結ぶ定期貨物船が運航を再開したとしても、かつてのように「運び屋」をする人はいないだろうと推測する。その理由は、台湾の物価が上がり、品物を安く仕入れることが難しくなったからだけではない。当時、協力しあいながら、にぎやかに「運び屋」をしていた台湾系の人びとが、高齢化にともない「みんないなくなっちゃったから」でもある。

　この事例からは、市街地の台湾系の人びとが、道具的アプローチのようにエスニシティを文化的シンボルとして利用するのではなく、自らの台湾系というエスニシティをもとにネットワークを築き、「運び屋」で生活を成り立たせていたことがわかる。また、「運び屋」それ自体が、集住していない市街地の台湾系の人びとどうしの関係を築く場ともなっていた。しかし、「運び屋」の台湾系の人びとは、市街地の移り変わりや石垣島と台湾を結ぶ貨物船の運行状況の影響を避けることはできなかった。こうした社会変容により、突如として日々を生き抜くための試みが切断されてしまったのである。この切断は、市街地に店をかまえ、「運び屋」をしていた台湾系の人びとに共通して生じた。貨物船の運航が終了した結果、「運び屋」をしていた石垣島の台湾系の人びとは、生活手段だけにはとどまらず、自らの台湾系という出自を生かす場と、「運び屋」で築いた台湾系どうしの関係性を失うこととなった。「運び屋」は、石垣島で暮らす台湾系だからこそ、こなすことのできる仕事でもあった。そのため、「運び屋」という日々を生き抜くための試みの切断は、自らが「台湾系である」ということを意識せざるをえない場面ともなってしまったのである。

3.3　技術導入で「コック」に――C氏

　終戦直後に石垣島に渡り、名蔵と市街地、どちらの生活も経験したA氏や、かつての「運び屋」について生き生きと語るB氏とは異なり、技術導入をきっかけに台湾から石垣島へやってきたのが、市街地で中華料理店をいとなむC氏（60代・女性）である。石垣島への技術導入は、先述したように1962年の

3章　曖昧化する「境界」　63

パイン労働者の受け入れから、沖縄が本土復帰し、台湾と日本が国交を断絶する1972年まで行われていた[8]。技術導入によって台湾から石垣島へやってきた人びとは、主にパイン産業との関わりで知られている。実際に、このときの台湾人パイン労働者の働きは、石垣島のパイン産業への台湾系の人びとの貢献の可視化に重要な役割を果たしてきた。しかし、パイン労働者と比較して少数であり、パイン産業への貢献の文脈では見えにくい存在でもあるが、調理師としての技術導入で沖縄に渡ってきた台湾人もいた。C氏も、夫が調理師として石垣島へ移り住むことになったため、その配偶者という資格で石垣島へやってきた。

　C氏が、技術導入で先に石垣島に来ていた夫のもとへやって来たのは、沖縄の本土復帰直前の1972年3月のことである。技術導入が行われていた当時、台湾では多くの募集があり、C氏の夫は1969年に石垣島へ移り、市街地にすでにあった台湾系の中華料理店で働きはじめた。夫は、台湾にいるC氏に石垣島のことを「台湾みたいだよ」と手紙で伝えていた。石垣島に来る前は、それがどういうことなのかよくわからなかったC氏であったが、実際に石垣島に来てみると、「本当に台湾みたいだった」と感じた。C氏の出身地は台湾中部の「田舎の都会」であり、石垣島と似た雰囲気があった。それに加え、技術導入で台湾からやって来ていた人が同じ中華料理店で働いており、まわりにも台湾出身者が多かった。台湾系の「先輩」たちとのつながりで、華僑の行事にも参加するようになり、そこで友人も増えた。

　しかし、来たばかりの頃は言葉が通じず、台湾系の人びととのつながりから一歩外へ出ると、大変な思いをすることもあった。1972年5月の沖縄の本土復帰を受けて、1970年代には石垣島の台湾系の人びとの大量帰化が生じたが、そのときはまだ石垣島に来たばかりだったC氏は、今後の生活の拠点を決めかね、1980年代になってから帰化をしている。この間にC氏は、中華料理店を切り盛りするために、調理師の免許を取得した。以前の台湾でならば、中華料理店での「修行」経験や技術次第で調理師の免許を取得することができた。それとは異なり、日本では技術よりも筆記試験の結果が重視

されていた。日本語がわからなかったC氏は、筆記試験対策のための講座に参加していたが、講師の話を聞き取ることができず、隣の席の人がノートに書いていることをすべて書き写して、赤線で強調しているところは同じように赤線で強調し、すべて暗記して勉強していた。その結果、満点の科目もあるほどの好成績で、調理師の免許を取得することができた。

　現在、C氏自身が調理もしながら営む中華料理店は、地元の人や観光客、団体客などで連日にぎわいを見せており、華僑の行事で使われることもある。日々を忙しく過ごすC氏は、最近はあまり台湾に行くことができていない。台湾で生活した時間よりも、石垣島で生活した時間のほうが長くなってしまっていることや子どもたちが石垣島にいることもあり、石垣島を「住めば故郷」と話す。今から台湾に戻れば、「また一から商売をはじめないといけない」という感覚もある。C氏は、言語の壁がありながらも、なんとか調理師免許を取得し、中華料理店を営んできた。その結果が、現在なのである。故郷である台湾への気持ちもあるのだろうが、今まで培ってきたものを生かし、生活をつづけていかなければならない。そのために、C氏は台湾ではなく、石垣島で暮らしつづける決心をしている。

　技術導入に関してはパイン労働者の台湾から石垣島への移動が注目されつづけてきたが、C氏の事例からは、調理師としての技術導入がおこなわれていたことがわかる。中華料理店をいとなむということは、「台湾系」というエスニシティを文化的シンボルとして道具的に利用していると捉えることも可能である。しかし、C氏の場合は、個人の戦略的なエスニシティの利用というよりも、技術導入という制度の中に「調理師」という枠が設けられており、制度を通じて石垣島へ渡り現在まで生活をつづけてきた結果であると捉えることもできる。実際に、C氏の中華料理店では台湾料理もメニューにあるが、「台湾系」であることが積極的に押し出されているわけではない。あくまで、現在まで石垣島で積み重ねてきたことを生かして、今後も石垣島で生活をつづけていくことが重視されているのである。

4.「エスニシティ」をこえて

　石垣島市街地で生活する3人の台湾系の人びとからは、従来のエスニシティ概念で捉えられるような側面——「原初的紐帯」としてのエスニシティへの愛着やエスニシティの文化的シンボルとしての利用などもうかがうことができた。しかし、そのどちらかで捉えようとすると違和感が残ってしまう場面もある。それは、原初的アプローチのような「台湾系」を拠り所とする生活でも、道具的アプローチのような生活のために利用する「台湾系」でもない。「ここで生活をしていかなければならない」といった感覚が、より重視されているのである。そして、その試みの中で、自らが台湾系であることがたちあらわれたり、あるいは「運び屋」の事例のようにそうした試みが石垣島をめぐる社会状況により切断されることによって、自らが台湾系であることを意識せざるをえない状況に置かれることもあった。

　このように、市街地で暮らす台湾系の人びとに着目したことによって、石垣島の「台湾系」表象——パイン産業への貢献と集住地域としての名蔵・嵩田地区だけでは語りきれない台湾系の人びとの生活が、現在の石垣島には存在していることが明らかになった。それは、「石垣島で暮らしていく」ための試みが優先され、台湾系の人びとが集住していない市街地でも、台湾系の人びとが自らのエスニシティに過剰にこだわる必要も、無理に捨て去ろうとする必要もない生活である。その様子は、A氏が帰化について話していたときの「姓までなおしてから、体までなおしてないの」との言葉からもうかがうことができる。もちろん、本章における石垣島の台湾系の人びとに関する記述が、すべての人にあてはまるわけではない。台湾生まれの1世と、石垣島生まれの2世以降の世代では、自らのエスニシティに対する意識も異なるだろう。だが、戦後に石垣島に移住した3名の女性に注目したことで、従来のエスニシティ概念とは異なる側面を明らかにすることができた。

　ここまで見てきたような台湾系の人びとの生活が可能となったのは、パイン産業への貢献の可視化や、台湾と石垣島の距離の近さを好意的に捉え文化

や経済交流のきっかけにしようとする流れもあってのことである。それに加え、〈台湾人／石垣人〉というような線引きをすることは、現在の石垣島では困難になってきている。台湾系の人びとへの排斥運動や子どもたちへのいじめが頻発していた頃は、台湾系の人びとは劣位に序列化されており、台湾人と石垣地元住民との「境界」は明確であった。その後、パイン産業への貢献が可視化されるにつれ、「台湾系」の石垣島での地位は上昇していった。それは、「台湾系」の存在を主張することで、「境界」を色濃くする作用もあった。現在では、「台湾系」が前面に押し出されることは少ない。それは、かつてのような石垣島社会での自らのポジションや所属意識を表すためのエスニックな「境界」が、曖昧になってきていることを示唆している。

　＜台湾人／石垣人＞という線引きにおける「石垣人」に着目した場合も、同様であるといえよう。戦前の沖縄本島や台湾からの開拓移民をはじめとし、現在もなお石垣島への移住者は絶えない。こうした状態で、「石垣人」とは誰のことを指すのだろうか。エスニシティを規定すると考えられてきた「境界」は、石垣島では曖昧になりつつある。そして、こうした背景を持つにいたった現在の石垣島で捉えることができるのは、従来のエスニシティ概念による「台湾系」よりも、まずは、生き抜いていくための自らの感覚を優先し、その中でたちあらわれるような種類の台湾系なのである。

注

1　1959年には琉球政府が「パインアップル振興法」を制定し、パイン産業が政府の指導下に置かれた。日本政府も、沖縄産のパイン缶詰に対し、関税をかけないなどの優遇措置をとったため、当時の日本市場に出回るパイン缶詰のほとんどは沖縄産であった（国永・松田ほか 2012: 52）。石垣島にはパイン缶詰工場が乱立し、パイン缶詰の輸送のために道路が整備され、パイン缶詰工場の労働者としての雇用も創出されていた。

2　「薪取り事件」とも呼ばれる。嵩田地区の台湾出身者は焼畑によって土地を開墾していたため、木を薪として使用していた。しかし、焼畑についてよく知らなかった地元住民が薪を取って行ってしまい、そのことを発端として台湾出身者と地元住民との間で衝突が生じた。

3 章　曖昧化する「境界」　67

3　野入は「原初的アプローチ」と「動員的アプローチ」を用いているが通常、後者については、エスニシティを文化的シンボルとして利用する点において「道具的アプローチ」とほぼ同義であると捉えらえることが多いため、本章でも「道具的アプローチ」として扱う。

4　これらの議論の代表的な研究としては、原初的アプローチについてはクリフォード・ギアーツ（1973=1987）、道具的アプローチについてはネイサン・グレイザーとダニエル・モイニハン（1963=1986）があげられることが多い。前者に対しては、エスニシティの能動的な選択や存続性について説明できないという批判がある。後者にもまた、エスニシティの象徴的な側面を捉えることができておらず、精神的な満足度には無関係であるとしていることや、競合や個人間の関係性に焦点をあわせてしまうため、対象としている社会での権力差について説明できないといった指摘がある。

5　戦中、台湾への疎開者が多かったことから、石垣島の台友会は解散された。現在の土地公祭の運営は、琉球華僑総会八重山分会によって行われている。

6　現在の石垣市は、旧石垣市と旧大浜町が合併して成立したものである。名蔵・嵩田地区は旧石垣市の域内に位置する。旧石垣市は、1947年に市制が施行される以前は「石垣町」であった。

7　台湾のメンマ（干したけのこ）。

8　1965年以降は、技術導入によって1年間に1,000人を超える規模の人びとが台湾から沖縄へやってきていた。その大半は、パインやサトウキビの農業従事者であった（八尾 2014）。

参考文献

Barth Frederik, 1969, "Introduction", *Ethnic Groups and Boundaries: The Social Organization of Culture Differences*, Barth Frederik ed., Boston: Little Brown and Company, 9-38 (=1996, 内藤暁子・行木敬訳「エスニック集団の境界——論文集『エスニック集団と境界』のための序文」、青柳まちこ編『「エスニック」とは何か』新泉社: 24-71).

Geertz Clifford, 1973, *The Interpretation of Cultures*, New York: Basic Books (=1987, 吉田禎吾・柳川啓一・中牧弘允・板橋作美訳『文化の解釈学』岩波現代選書).

Glazer Nathan and Daniel Moynihan, 1963, *Beyond the melting pot: the Negroes, Puerto Ricans, Jews, Italians, and Irish of New York City*, Cambridge: Mass.M.I.T.Press (=1986, 阿部齊・飯野正子訳『人種のるつぼを越えて: 多民族社会アメリカ』南雲堂).

国永美智子・松田ヒロ子・松田良孝・水田憲志・野入直美,2012,『石垣島で台湾を歩く——もうひとつの沖縄ガイド』沖縄タイムス社.

松田良孝,2004,『八重山の台湾人』南山舎.
森田真也,2015,「帝国日本下における人の移動と神の勧請——沖縄石垣島の台湾系華僑・華人の『土地公祭』をめぐって」,『人文學報』108: 35-47.
野入直美,2000,「石垣島の台湾人——生活史にみる民族関係の変容（一）」,『人間科学』5: 141-170.
———,2001,「石垣島の台湾人——生活史にみる民族関係の変容（二）」,『人間科学』8: 103-125.
八尾祥平,2014,「琉球華僑——顔の見えないエスニック・マイノリティ」,谷富夫・安藤由美・野入直美編『持続と変容の沖縄社会 沖縄的なるものの現在』ミネルヴァ書房: 132-153.

4章 集落を越えた「共同」
──星野共同売店が結ぶもの

落合　志保

1.沖縄本島から始まった共同売店

　本章では、共同売店が存立する石垣島星野集落の歴史をたどり、共同売店が集落外の関係者とどのようにつながり、関係性を変化させていったのかを明らかにする。

　共同売店は、1906年から沖縄本島の最北部にある国頭村奥集落で始まった。これは、集落の人びとが出資し、設立し、経営し、集落に密着した売店である（安仁屋・玉城・堂前 1979）。共同売店はそれぞれ規模や、品ぞろえは異なる。多くの共同売店では、ビールやジュースなどの飲み物、米やパンなどの食料品、たばこ、文房具、トイレットペーパーなどの日用品が販売されている。共同売店は、元祖コンビニともいえよう。共同売店の名称は、共同店、売店、商店とさまざまであるが、本章では、共同売店と表記する。

　共同売店の始まりと、その機能を概説したうえで石垣島の共同売店の動向をおっていく。

　1900年ごろ、奥集落では、2人の商人が雑貨商を営んでいた（平 1957）。一人は、奥集落で代々雑貨商を営んでいる糸満氏であり、もう一人は他村から奥に移り住んだ、雑貨商をはじめた太田氏である。当時の奥集落を含めた沖縄の村落は、地縁的血縁的共同社会であった（国頭村役所 1967）。奥集落は、百姓地を共有していたため、ほとんど貧富の差や、階級的身分差がなかった。しかし、1889年に琉球王国が滅び、日本の領土に組み込まれたことにより、資本主義が広まりはじめ、貧富の差が少しずつ大きく表れるようになってい

た。奥集落には資本主義が浸透していなかったため、商店の取り扱う商品の高値は、村落民の経済生活を脅かすに至った。

　糸満氏は、村の役人であったため、奥集落の成立の歴史を理解していた。糸満氏は、歴史から考えると資本主義的要素の侵入があれば、村落は自己防衛の手段を講ずるであろうと推察していた。その推察通り、集落民は、商店を共同化する必要があると感じ、集落のあいだで売店を共同化する動きが起きた。この動きに糸満氏は賛同し、店を集落に譲り、1906年に奥共同店が設立された。

　以上から平は、共同売店が設立されたのは、資本主義に対する集落の共同体の自己防衛の一策であったこと、昔の共同体にありがちな外来者への不信と恐怖として顕現したと考える（平1957）。

　その後、共同売店は、国頭郡全域、中頭郡や島尻郡の農業地帯、離島の島嶼村落にも取り入れられた（安仁屋・玉城・堂前1983）。1914年に鹿児島県奄美大島の大和村で、共同売店が設立されたことは、奄美大島が「琉球弧」の文化圏に存在することを示している（1章参照）。

　また共同売店の機能は、経済、福祉、文化の三つに分けられる（安仁屋・玉城・堂前1979）。

　経済的機能としては、共同売店の設立当初から戦後にかけて林産物の生産販売を行ってきたこと、農産物の生産、加工・販売や掛け売りを行ってきたことがあげられる（安仁屋・玉城・堂前　1979: 124-130）。

　福祉的機能としては、戦後の発電事業や、集落の電話を共同売店に置いて電話の取次ぎをしていたこと、育英資金の支給などがあげられる（安仁屋・玉城・堂前1979: 124-130）。

　文化的機能としては、共同売店の歴史が、農村の生活文化を反映している点にある。扱っていた商品や、共同売店の定款、規約に村落の歴史が投影されている（安仁屋・玉城・堂前1979: 124-130）。

　1983年の共同売店の研究では、離島の共同売店に着目している。その中でも、石垣島の開拓部落の共同売店に共通している点として、「部落の全戸

が共同店の構成メンバーであること、部落行政と共同店の相互補完性の強いこと」や「観光客その他の外来者の利用も比較的に多く、外来者と部落住民の交流の場となっている」ことをあげている(安仁屋・玉城・堂前1983: 182)。

沖縄の共同売店を調査・研究してきた宮城能彦は、1980年以降道路交通の整備、大型スーパーの進出によって共同売店を取り巻く環境は厳しさを増していることを指摘している。その中で積極的に経営する地域と、消極的に経営している地域で二極化している状況があった(宮城2004: 14)。宮城は、積極的に経営できる条件として、近郊都市への利便性の欠如(隔絶性)をあげていた。つまり、買い物が不便な地域ほど共同売店は経営的に安定する。宮城は、経営的に困難な共同売店が存続するのは、「相互扶助的機能を中心とした村落の共同性を残していきたいという部落の人びとの思いや揺らぎ」があるためだと明らかにした(宮城2004: 23)。

石垣島の共同売店は、戦後、沖縄本島から開拓移民として石垣島の北部に入植した人びとによって設立された。一時期は、5店舗以上存在した石垣島

図4-1 石垣島の共同売店の位置
出典：白地図(テクノコ白地図イラスト：http://technocco.jp/)を使用、再編集

の共同売店は、2017年5月現在3店に減少した。3店の場所は、星野集落、伊野田集落、明石集落である（**図4-1**）。この3つの集落は、南部の石垣市街地から離れ、大型スーパー（サンエー石垣シティ）までの距離はそれぞれ約15km、約20km、約30kmである。この距離では、車やバスがなければ買い物は難しい。

　本章では、特に、市街地のスーパーに最も近い星野集落の事例に注目しながら、大型スーパーの進出、モータリゼーションの影響が強い石垣島の共同売店に焦点をあて、開拓当時から現在に至るまでの集落の歴史や個人の生活史をみていきながら、共同売店が集落外の関係者とどのようにつながり、関係性を変化させていったのかを明らかにする。

2.星野集落への入植と交通

　星野集落は沖縄本島の大宜味村から入植した人々の集落である。ここでは入植の経緯と外部とのかかわりの変化を明らかにする。人びとは、どのように沖縄本島の大宜味村から石垣島星野集落へ入植したのか、また、集落の発展とともに外部とのかかわりはどのように変化していったのだろうか。まず、石垣島全体の社会情勢、交通、石垣島で運行されている東運輸株式会社のバス、星野集落の歴史を表に整理したものである（**表4-1**）。

2.1　戦後の大宜味村から星野集落への移民計画

　大宜味村は、沖縄県北部に位置し、もともと土地に恵まれなかったため、国内・海外の出稼ぎ移民からの送金によって生活を維持していた（小椋 2000）。敗戦後、海外の移住者が引き揚げさせられたため、戦前は約8千人であった人口は約1万人以上に増加した（大宜味村史編集委員会編 1978）。食糧事情は逼迫し、アメリカ軍による配給では、十分な生活を送ることが出来なかった。そのような背景から、1946年に琉球自立経済再建の緊急対策として八重山開拓移住計画が施策された。

表4-1　石垣島の社会・交通・東バス・産業・星野集落の概要

	社会情勢	交通	東バス	星野集落
1947		マクラム道路完成・坪田運輸開始		
1948	八重山開発計画が発表される			
1950			東運輸株式会社設立	3月　入植
			白保-石垣(以下白保線)1日5回運行	9月　小学校(私塾的)設立
1951				4月　小学校を伊野田集落(現敷地)に移転
				5月　本島大宜味村から村長が援助金などを持ち、慰問激高に来訪
1952	政府計画八重山移住始まる	ファーナン橋完成	伊野田集落折り返しのバス運行開始	共同売店(Nさん宅)
1953	キット台風が来襲	トゥール川に橋がかけられる		
1954			伊原間東線開通(1日1回)	
1955		石垣島一周道路完成	伊原間西線開通(1日2回)	星野集落幼稚園開設、部落で管理
		石垣公設市場前に伊野田集落校区民の連絡休憩所を建設		公民館設立 部落運営の製糖工場建設、操業開始 部落共同電話が開通 パイン栽培始まる
1956			伊原間東・西線廃止	共同借地でパイン栽培団地
			東・西回り1周線(各1日4回)	大宜味村議員一行が慰問激高に来訪
			白保線(1日9回)	
1957			東・西回り1周線(各1日5回)	
1958	震度5の地震・伊原間に駐在所		伊原間~平野間	共同売店を現敷地に建設、移転
	120B円が1ドルと交換される		石垣島一周平野経由　観光バス新設	
1959	大宜味村、山崩れで多数の死者			
1960			白保線(1日24回)	
1961			東回り1周線(1日6回)	
1962	マラリア原虫のゼロ発表			部落発電始まる
				トラクターを導入し、畑耕起始まる
1963	新石垣港開発、大型船の接岸可能に			統廃合により、伊原間中学校が設立
1965	全島に野鼠が異常発生する			

出典：『星野入植50周年記念誌』、『30年のあゆみ』、『伊野田入植50周年記念誌』より筆者作成

1948年に、沖縄タイムス紙に「軍と民政府共同による八重山開発計画」が発表された。大宜味村に住んでいた山口忠次郎[1]は、この記事を読み、石垣島という新天地に希望を見出した。すぐに大宜味村で移住希望者を募り、石垣島の開拓を実現したのであった (小椋2000)。

山口を筆頭に、1950年3月16日、16戸の先遣隊が入植した (小椋2000: 21)。受け入れた八重山当局は星野集落に入植した人びとに、土地の賃貸、立木の無償利用の許可、土地の借地料と税金は2年間免除などを行い援助した (大宜味村史編集委員会編1978)。星野集落はジンギという広葉樹が密集したジャングルとなっていたため、それを薪として石垣市街地に売り収入を得た (小椋2000: 23)。薪は市街地の湯屋や工場で鉛を溶かすための燃料とされたため需要があった (金城1988)。薪で売れない質の悪い木は、星野集落で製塩に使われる燃料とされた (小椋2000: 23)。塩も売ることが出来て重要な収入源となった。そして、自給自足の甘藷と陸稲、副業としての落花生栽培がおこなわれた (小椋2000: 23)。これらの農作物は、後の伊野田集落・明石集落でも植えられた。

以上のように、開拓移民は、薪の販売や製塩によって、入植した直後でも収入を得ることができたため、なんとか生きていくことができた。薪を市街地で売ることを可能にしたのは、伊野田に住む三木義行と坪田圭司[2]が運送してくれたおかげであった。次項で、入植した人々を支えた石垣の交通について詳しく見ていこう。

2.2 北部地域を支えた交通

入植当時の星野集落では、現在のように道路は整備されておらず、土埃が舞い、くぼみだらけのマクラム道路 (現在の国道390号線) があった。車やバスが普及していないため、市街地から北部の開拓地まで食料や日用品などの物資の流通が、開拓移民にとって死活問題であった。そのため、開拓地以外の人びとからの協力が必須だった。石垣島の交通の歴史から、北部地域がどのように支えられたのかを知ることができる。

4章　集落を越えた「共同」　75

　当時の東運輸のバスは、石垣―白保間しか運行されていなかった。伊野田集落で、もともと農場を経営していた三木は、旧日本軍が使っていた廃車同然のトラックを修理し、坪田に運転を任せ、北部地域から市街地へ薪の運搬を行った（新城・仲村 2001）。北部地域まで物資を輸送するこのトラックは、開拓移民に欠かせない存在であった。

　その後、三木と坪田は、「三田商会」を設立し、運転手を増やし、移住地と市街地の運送に力を入れた（新城・仲村 2001: 56）。登野城に事務所と住宅を建て、移住者が薪を売りに市街地に出てきたときに、無料で泊まれる部屋を作った（新城・仲村 2001: 56）。これに関して三木の息子、三木健は「些細なことであったが、入植者の苦しみを共有したればこそできたこと」と述べている（新城・仲村 2001: 57）。その後、「馬車を持つ人が徐々に増え畑からの運搬に活躍し」た（小椋 2000: 27）。また、干潮時にしかわたることができなかったトゥール川に昭和27年（1952年）に橋がかけられ、いつでも渡れるようになった（人魚の里星野 2017）。昭和29年（1954年）になるとマクラム道路が整備され、明石集落と伊野田集落の中間地点の伊原間まで定期バスが走るようになった（東運輸株式会社 1980）。

　まだ個人が自動車を所有する時代ではなかったため、バスは人びとの生活に密着していた。「街から村へ、村から街への生鮮食料品や品物の運搬もバスが行うため、車掌は各村々の客から依頼され、買い物メモをもってバスを降りると、市場へ走り買い物に忙殺される状態であり、車内も荷物が多く貨客混載の状態のため、あまりの荷物の増加に会社ではとうとうバスの後部を切断した貨物専用車をバスの後から1日1回」運行した（東運輸株式会社 1980: 23）。このように、バスの運転手は、北部地域の人びとのために運転以外の業務もおこなっていた。三木や坪田のように車掌も、移民の苦労を共有していたからこそできたことであった。

　1965年になると、北部地域でも頻繁に自動車かオートバイが通るようになり、交通の不便は一掃された。当時の星野集落内では、保有している農機具にはトラクター1台、耕運機2台、動力噴霧機3台、トラック1台、ジー

プ1台が保有されていた (八重山毎日 1965年1月1日)。その後、車は集落で共有するものから、個人が所有するものになっていった。

3.星野集落民の生活

3.1 Aさんの生活からみる集落内の共同

さて、星野集落の人々は入植後にどのような暮らしを送っていたのか。昭和27年 (1952年) に大宜味村から伊野田集落に入植したAさん (1932年生まれ、女性)[3] の事例からみていこう。Aさんは、翌年、宮古島から同じ星野集落に入植したBさんと出会い結婚し、星野に移住した。

Aさんは、家を建てるのもキビの収穫も「ゆいまーる」で行っていたという。住むための家は集落の人びとが全員で家を作り合った。また、サトウキビ (以下、キビ) の収穫では、男性がキビを倒し、女性は葉をむしりとり、キビを束にして縛る人など分担作業で行っていた。

収穫後のキビの作業にも「ゆいまーる」で行われる。キビの収穫をした翌日には、白保から6トントラックが朝早くから星野に到着する。5時に共同売店で「ピッピー!」とクラクションを鳴らし、集落の人に到着したことを知らせた。集落の人びとは起きだし、小さい束にしたキビを担ぎ、トラックに積んでいった。はしごも準備し、受け取る人3人が多ラックの荷台に待機し、荷台の下にいる人びとは列を作り、キビを頭上で前から受け取り、後ろに差し出すようにしてバケツリレーのように「キビリレー」をおこない、荷積みした。

このキビの収穫作業は、伊野田集落や明石集落でも行われていた。この共同作業は、「ブートゥナミー」といい、大宜味村で行われていた風習であった (金城 1988)。入植当時から明石集落に住んでいるNさんは、「ブートゥナミー」について以下のように説明する。

みんなキビ作ってるから、キビの刈り取り班ってのを作って。各班ご

とに刈り取る班作って、また、班長とか置いたりして。班長は1日いく
らとか、来る人たちも1時間いくらとか帳簿つけて、最後に計算する。
たくさん来た人と、また少なく来た人もいるでしょ。そのような調整す
るような、方言で「ブートゥナミー」っていうのがあるの。分益を計算
するわけさ、(年齢が)大きいのと小さいのと、女と男とも違うし毎日出
席したのを何時からきたとか、遅れてきたとか時間に直して、キビを。
そういうのを「ブートゥナミー」いうの。それすればキビ多い人も少
ない人も同じように働いたら崩れてしまうでしょ、組織が。組織がくず
さんためにも、しっかりこういう計算やらんとできないわけ。だから
「ゆい」っていってもそういう計算ってあるわけよ。そうしないと、不
平不満が出てくるのね[4]。

　「ブートゥナミー」の公平化が村の結束を強め、共同作業をスムーズに運
ばせており、村人にとっては当たり前の習慣として生活に根付いていた (金
城 1988)。そして、この山原文化は移民に厳しい条件の中で、その苦しみを
共同化させることで生き抜くことを可能にした。
　1955年に、星野集落ではパイナップル栽培が始まった (小椋 2000)。星野
集落で最初にBさんがパイナップルを植えた。Bさんは「内地ではパイナッ
プルは栽培されていないから、パイナップルは売れる」と言い、パイナップ
ルの需要を予想した。パイナップルはキビよりも栽培期間が長いため、集落
の多くの人びとはパイナップル栽培を始めるのを見送った。実際に、パイ
ナップルを収穫すると、Bさんの予想通りパイナップルの売れ行きはとても
良かった。それを見て、次第に集落の人びともパイナップル栽培に取り組み
始めた。パイナップルブームが石垣島で起き、星野集落はパイナップル栽培
のおかげで暮らしが豊かになっていった (2章参照)。
　収入を得た人びとは次第に、農業用の機械を購入した。その結果、集落共
同でのキビ収穫やトラックへの積み作業をしなくても、個人や家族だけで作
業が可能になった。以上のように、生活が豊かになるとともに、共同作業

「ゆいまーる」が減少したことがわかる。

　次項では、集落が共同して経営をしていた共同売店から、集落の暮らしの変化をみていきたい。

3.2　集落内外の「掛け」の変遷

　星野共同売店は、1952年8月に先遣隊のNさんの家で始まった。各家庭から出資金を出しあって設立された。1953年に起きたキット台風[5]によって甚大な被害が出たとき、大宜味村から見舞金が星野集落に送られた（金城1988: 133）。これは、親族たちや友人などがいる母村とのつながりを表している。このお金の一部を使い、Nさんの家から独立した、共同売店の設立にもあてた（金城1988: 134）。

　入植当時は、みなお金がなく、売店で掛けを使い、農作物の収穫時にまとめて支払いをしていた。掛けの仕組みと、共同売店の仕入れについてみていく。

　星野共同売店では100円ノートを二つに切り、売店に置く「借り上げ帳面」と個人が持っている「通い帳面」を作った。例えば、Aさんが醤油を掛けで買った場合、Aさんの通い帳面に日付、商品、値段を書き、同様の内容を売店においてある帳面にも書く。そして、支払うときは、自分の帳面と売店の帳面に書いてある醤油を消すことをしていた。しかし、ある人は自分の帳面から掛けの分を消してしまい、売店の帳面に書いてあるものについては「決して買わなかった」と言い張った。このようなトラブルから、「通い帳面」は廃止になり、売店が「掛け帳面」を管理することになった。

　入植して10年以上経つと、年配の方には年金が配られるようになり、年配の方々が掛けをしなくなった。Aさんは、現在の家を購入した1965年ころから掛けを利用しなくなったという。また、先述したパイナップル栽培によって収入を得た多くの人は、掛けを利用せずに購入できるようになっていった。

　その後、バスが開通したことや、石垣市街地に市場ができたことにより、

4章 集落を越えた「共同」 79

共同売店の利用は減少した。Aさんは、市街地に市場ができてからは、バスに乗って卸屋に買いに行くようになった。直接行けば、値引きをしてもらえるからだ。さらに、およそ星野より北に入植した人びとと卸屋は顔見知りのため、購入するとバスまで運んでくれるというサービスもあったという。

次に、共同売店の仕入れ方法である。入植当時は、集落の多くの人びとが掛けで支払いをしていたため、農作物の収穫になるまでの当分の間、共同売店に現金がない状況であった。そのため、石垣市街地にある卸屋に、共同売店が掛けで商品を購入していた。Aさんによると、特にお世話になったのは現在は、土産屋として市街で商いをしている上原商店という卸屋であった。

上原商店の2代目に話を聞くと、当時、上原商店を経営していた初代の両親は、星野共同売店に食料品、ビールなどの酒、日用雑貨をおろしていた。彼らが、開拓移民の共同売店が掛けで購入するのを許していたのは、当時の入植した人びとが苦しい生活をしていたことを理解していたことにある。星野共同売店の主任は、当時の農作物を収穫するまでの間は現金収入がないため、どうにかやりくりして、掛けで商品を購入することを上原夫妻に頼み込んだ。夫妻は、農作物の収穫時にまとめて商品の支払うことを承諾した。さらに上原商店がバスの運転手に頼み、共同売店に卸す商品を集落でおろしてもらった。

1950年代は、上原商店の売り上げの90%が、掛けによっての支払いであった。それは、共同売店以外での取引先でも行われていた。このことから、当時は、石垣島全体が農作物を栽培し、収穫までの間は掛けを利用していたことが分かる。

卸屋は上原商店だけではなく、Aさんによると魚や肉の卸屋が存在した。1960年代になると、肉の卸屋は10〜14日に1回、オートバイで石垣から来た。近所の人からの話で、来たことが分かるためAさんはよく買いに行った。魚の卸屋は、石垣から車でやってくる人だけでなく、バスで来た人もいた。

上原商店と魚の卸屋は、沖縄本島糸満が出身地であった。「上原」という苗字は石垣島では珍しくないが、それは戦後、糸満から石垣島に移住した人

が多いからである。糸満では毎年一回「糸満門中会[6]」を開催している。上原商店の初代主人は、糸満の幸地腹門中という大きな門中に属していた。戦後、主人は戦争から戻ってきたが、次男であったため石垣に移り住み、台湾との密貿易で生計を立てた。そして、卸屋を始め、共同売店を支える存在となった。

　以上のように、共同売店は集落内では、掛けの利用で星野集落の人びとの生活を守り、集落外では、掛けで商品の購入を許可してもらい、支えてもらっていたことが分かる。卸屋の人びとも沖縄本島からの移住者が多いため、入植した人びとの苦労をよく理解していたからこその行動だったと考えられる。

　次節では、現在の星野共同売店から、共同売店が集落にとってどのような存在なのかをみていこう。

4.現在の星野共同売店

4.1　星野共同売店の概要

　星野共同売店は、新石垣空港から北部へ約8km進み、国道沿いに面している。空港からレンタカーを借りて北上する観光客や、通りすがりの集落外の人が、飲み物や食料、たばこを買いに、立ち寄ることも多い。星野集落には人魚伝説[7]があり、共同売店の横のトイレの上に人魚が置かれている。

　売店を経営する人を主任と呼ぶ。星野共同売店の主任は、星野集落に住むCさん（30代・女性）だ。Cさんは、石垣牛を飼っているが、石垣牛の競りは不安定なため、夫が市街地で勤め、Cさんは牛の世話をしつつ、共同売店を経営している。また、小学生の3人の子どもがいるため、今後必要になるだろう子どもたちの教育費を考えて、共同売店を始めた。共同売店であれば、市街地に通勤せずに済むこと、牛の面倒を見ながらできること、子どもたちが学校帰りに寄れることなどメリットがあった。共同売店の奥には、子どもたちが過ごせるスペースがある。インタビューに伺った際は、子どもたちも

会計をするなど手伝っていた。子どもたちもCさんと一緒に朝7時には共同売店へいき、そこから小学校へ登校する。下校後も、共同売店へいき、閉店後にCさんと一緒に帰る。Cさんの義理の母（Dさん）も昔、星野共同売店の主任であった。Cさんは、義理の姉（Eさん）に売店の仕事をときたま手伝ってもらいながら子育て、牛の世話、共同売店を行っている。

　Cさんは午前中に、宮良集落の商店で惣菜を仕入れてから、12時ごろに売店を開く。共同売店は、基本的に年中無休で朝7時から夜9時まで営業していたが、最近は主任の都合に合わせて営業時間も変化している。子どものために1日閉めることもある。

　共同売店の主任を務められる人は、星野集落の共同売店組合に加入している人である。主任を決める場合は、毎年開かれる総会で立候補という形をとる。複数の候補者がいた場合、前回も主任をやっている人は身を引くのが暗黙のルールとされている。Cさんによると共同売店の主任は、いろんな人にやってもらい、集落に住むみんなで回すという。そのため、同じ人が長年やることはない。経験年数が同じくらいの人が複数立候補した場合は、入札が行われる。共同売店組合に年間いくらの請負額を支払うかを紙に書き、その

図4-1　（写真左：売店外観、右：隣にあるトイレ、筆者撮影）

結果、1番高い金額を書いた人が主任になれる。

　星野共同売店組合の役員は組合長1人、主任1人、監査2人、役員2人である。組合長は年に1回開かれる総会について組合員に告知し、総会では司会を務める。また、時折行われる役員会は組合長が役員に声をかけ、日にちを決め、開催される。監査は領収書と金額が合致しているのかを確認する。

　それぞれの役員の決め方については、まず、組合長は、主任であった人が自動的に組合長になる。以前までは、ある人が組合長になると、5、6年続いてしまうことがあり、組合員は組合長になりたがらない傾向にあった。それでは、売店組合がうまく回らないことで、2年間主任を終えた人が、組合長を2年やることになった。もし、主任が4年間やった場合は組合長も4年間やることになる。

4.2　現在の卸屋とのつながり

　主任が用事のため店にいられないときは、義理の母や姉のDさんやEさんに店番を頼むことがある。Eさんによると、季節によっては、きゅうりやほうれんそうなどを共同売店の外の棚に並べて販売している。これらの野菜は、星野集落のおばあさんたちが家庭菜園で採れた食べきれない分を、共同売店に売りにきている。つまり、共同売店が委託販売をしているのだ。どの野菜も1袋80円で仕入れて、100円で売る。スーパーと比べ格安なため、石垣市街地で飲食店を経営する人が来て購入する人も少なくない。

　Cさんの前に売店主任を請け負っていた人は、Cさんのお義母さん（Dさん）であった。Dさんは過去に3回ほど主任をした経験がある。Dさんの娘のEさんは、今から30年以上前にDさんが主任であったころを振り返った。

Eさん）　昔、私の母（Dさん）の時代は、極力店を閉めるのを嫌がったので、
　　　　どこにも行けなかった。この子の親たちは子どもの用事とかのときは、
　　　　もう閉めますって言って行くんだけど、親は、いやいや、お客さん困
　　　　るからって言って。お客さんを優先する…。ただあまりみんながそれ

を喜びますでしょ？そしたら、よっしゃー！って感じで。値段も安く、薄利多売みたいな。あんまり儲からんかったのに、忙しかったんやて。

筆者）その経営する人にもお金って入るんですか？もうほぼほぼボランティアみたいな感じなんですか？

Eさん）それはやり方次第かな。一応、商品を今は大型スーパーがあるので、マックスバリューとか、そういう時に安い商品とかありますよね。ラーメンとか。そういうのを買いに行って、そういうのだけを並べれば結構（お金が）入るだろうけど、卸屋さんを利用しないで、そうするとまた卸屋さんのつながりがなくなるとまた困るものがあるから。ただ、なるべく買い物に行ってそれを増やせば儲かりはすると思うけど。でも、こっちが飲み物とお酒は卸屋さんからとるようにしてるから[8]。

　以上のように、Dさんはお客を優先し、売店をおこなっていたことがわかる。現在、主任を務めているCさんは、子どもの用事などを優先して営業をしている。儲けを出すのは本人のやり方次第で、大型スーパーのセール時に買い、それらを並べれば利益は出る。しかし、卸屋を利用しなければ、繋がりがなくなり困るというように、共同売店は集落だけで完結するものではなく、市街の卸屋との関わりがあってお互い成り立つ考えがある。

　Eさんは、大型スーパーの進出によって、卸屋が1番先に打撃を受けたためはないかと指摘していた。車がある人は、価格が安いスーパーに直接行くからだ。『石垣市史』によると、1994年には、ホームセンターのメイクマン石垣店が開店され、翌年の1995年に大型スーパーであるサンエー石垣シティが開店している（石垣市教育委員会市史編集課2017）。様々な卸屋は現在、高齢化の問題もあり、店舗数が減少してしまった。

　このように昔の共同売店は、卸屋に掛けで購入することを許してもらい支えられていたが、現在の共同売店は、掛けはせず、むしろ積極的に商品を卸屋から購入して、卸屋を支えていることがわかる。星野共同売店では、火曜日、木曜日、土曜日はたばこの卸屋が来店する。飲み物の卸屋や缶詰の卸屋

も曜日によっては来店する。卸屋は星野集落、伊野田集落、明石集落と北上し、また、西へ行き個人商店にも卸して帰る。このように、卸屋は現在でも石垣島全体の共同売店と商店とつながりを持っている。

4.3 配当の意味

共同売店の特徴である配当について、Eさんは「もともとは利益を上げる目標っていうので配当金が配られてたんだけど、やっぱりお金を用意するのは大変だから、その代わりお中元にして洗濯洗剤を配って」いると話す[9]。Cさん以前は、お盆と正月に醤油や食用油を配っていたが、世帯人数が減ったため、醤油や油は世帯人数によっては半年で使い切ることができないという声があった。そのため、半年で使い切れそうな洗濯洗剤に変更した。予算は1戸につき千円程度と決められている。また、年間2回の配当を1回にして、浮いた4万円を共同売店の積立金にするためであった。

ここで共同売店に関わる費用について掘り下げていく。毎年9月に行われる総会では、30分から1時間で、売店の決算の報告が行われる。共同売店の主任は、Cさんの場合、年間30万円の請負金を売店組合に支払う。この請負金から、共同売店の固定資産税や、先ほどの配当物資の洗濯洗剤を買う金、酒やたばこを売る許可証の金などを支払う。そして、残った金は、積立金とする。この積立金は、冷蔵庫が故障し買い替えるときなど、共同売店に必要なものに使われる。

配当は主任が代わっても今後も続くのだろうか。Cさんは、「組合員がいるから（共同売店を）やっていけてるため、廃止にはならない」と答えた[10]。つまり、共同売店は、現在も利用する組合員に支えられて成り立っているのである。

4.4 共同売店の経営

掛けについては現在も数名が利用することがあるものの、近日中の給料日に返す人、その日のうちに支払いに戻る人が多く、昔のような掛け帳はない。

掛けで支払った金額をそのままにする人はいないため、経営には影響がない

　商品の値段の設定については、値段の低い商品（100円程度）は2割増しで、値段の高い商品は上限が100〜150円だという。Cさんは値段の設定について、みんなのための共同売店であるため、低い値段設定を心掛けている。

　1カ月に100万円の売り上げがあったとしても、仕入れによって7、8割消える。さらにそこから光熱費や水道代を引くため、純利益は月平均して12〜13万円だ。この金額は、石垣の女性の事務職と同じくらいの給料だ。Cさんは、拘束時間が長いとはいえ、子どもたちの面倒を見つつ、牛の世話もしながら、星野集落でお金を得るためには、共同売店の主任をやるしかないと言っていた。

　今後の星野共同売店の主任候補はいるのかという話になった。次期主任がいない可能性が高いといい、以下のように語っていた。

　　拘束時間が長いから、時給に換算すると安いんだよね。うちは子どもがいるからやってるんだけど、やっぱり遅くまでここにいなくちゃいけない。働きに出ると休みの日はずっといるし、そう考えるとどっちをとるか。外に行くと、福利厚生で働きたい人もいるし。売店にはそういうのないから。おばあたちが若いころは、順繰りな感じでやってて。いまはいなくて。（中略）今、星野集落にいる若い世代で出来る人は、うち以外いないため。みんな仕事してるし。仕事を辞めてまでやる人はいない。（中略）いっときは、主任がいなくて役員で回してたらしいんですけど、何年前かわからないけど、役員で回すのも限界があるため、どうにかやってける人を探して頼んだって。次はそれになりつつある[11]。

　共同売店は、買う人に支えられているが、まず、売店を経営する人がいなければ成り立たない。現在の星野集落は、若い人が住んでいても、市街に働きにでる人が多く、拘束時間の長い共同売店をやりたいという人は少ない。過去に主任候補がいなくなったときがあった。そのときは、役員で共同売店

の店番を担当したという。

4.5 共同売店と公民館、集落の行事

　共同売店は、公民館と連携しており公民館行事のときには、飲み物を売店から購入してもらっていることだ。以前は、公民館行事の際に配る飲み物などは、大型スーパーから買っていたが、Ｕターンして星野集落に帰ってきた若者が、売店があるなら売店で購入しようと提案をした。以後、集落の行事の際は、売店から飲み物などは購入している。

　星野集落には公民館行事がいくつかある。1月は新年会、3月は入植記念行事である。4月は学事奨励会で、これは地域にいる子どもの先生たち、小学校、中学校、地元の人たちによって地元で新しい先生の紹介、顔合わせをおこなうものである。星野集落は学校が地域に密着しているため、参加できる先生は参加する。7月は夏祭り、9月は敬老会があり、これは75歳以上の方の健康を祝う行事である。

　また、集落作業が年に2回、6月と12月に行われる。星野集落には集落共有の水道があるため、ダム装置が山の近くに設置されている。ダムまでの道の清掃や草刈りを行う。この行事は強制参加ではないが、子どもから高齢の方まで参加する。男性は、ダムまでの道のりをビーバー（電動刈払機）を使って整備する。女性は鎌を持って、道路の草刈りを行う。子どもは、夏の場合は、ダムで遊ぶ。高学年の子どもが、川にいるエビやウナギを獲り、夜の慰労会で、みんなで食べる。作業は朝の8時からあり、昼食は公民館が準備し、みんなで食べ、1時間くらい休み、夕方まで作業をする。

　星野集落では、公民館組合費として、年間で2千円徴収される。75歳以上の敬老世帯は千円でよい。ただし、集落の水道を使っている人はさらに千円が必要だ。公民館組合は、近年の移住者も含め集落全員が入るが、売店組合には入っていない人もいる。売店組合に入りたい移住者は希望すれば5千円払って加入することができるが、移住者の加入はほぼいない。

5.共同売店が生み出すつながり

　共同売店は、村の共同性だけでなく、村の外の社会との共同性を表すものであった。そして、その共同性は暮らしとともに変化した。入植当時の星野集落は、第一に本島の大宜味村、第二に三木と坪田によるトラック運送とバスの運転手、第三に上原商店と強いつながりがあった。

　共同売店は、母村である大宜味村からの激励金によって設立され、キット台風の見舞金を利用して充実がはかられた。このように、大宜味村から離れてしまっても大宜味村に住み続ける人びとからのつながりは強いものであった。

　次に、星野集落外のつながりは、薪を運送した人びとと、共同売店に商品を置くことや、また、人びとの買い物を代行したバスの運転手である。道路の整備がされていない時代に、薪を運送したトラックの存在は、北部に入植した人びとに収入をもたらし支えた。

　市街地の卸屋から掛けで商品を購入していた現在は、意識的に卸屋から商品を購入し共同売店が卸屋を支えるという関係になっている。

　以上のように、共同売店を通して星野集落と市街地の人びととはつながりがあった。しかし、パイン栽培や落花生栽培によって収入が増えることにより、集落は次第に経済的に自立し、上原商店に掛けで購入することはなくなった。そして、車の普及により、集落の人びとは個人で市街地へ買い物をするようになり、バス会社や卸屋と共同売店のつながりは薄れていった。

　集落内のつながりも変化した。入植当時は貧しかったため、人びとは共同売店で掛けを利用せざるをえず、人びとにとって共同売店は欠かせない存在であった。共同売店と集落の人びとは密接な関係を築いていた。集落内では共同しての家づくりや、キビの収穫など「ブートゥナミー」があり、集落内の結束力は強かった。しかし、収入が安定すると掛けは利用されなくなり、また、機械が導入され、農作業は個人化された。こうして、集落内のつながりは薄れていった。

共同売店の利用者が減っている中、現在もなお星野集落の共同売店が存続
しているのは、ある程度の収入を得られること、公民館行事の際に共同売店
が利用されていること、配当があること、売店組合があり毎年総会が行われ
ていること、共同売店を残していく先遣隊の方の思いが残っていることだと
考えられる。

　星野集落で事務職と同等の収入が得られるのは、集落内で仕事がしたい人
にとってはちょうど良い存在である。また、公民館行事で定期的に集落の人
に利用されることによって、「共同売店は集落のもの」という意識が利用す
る側・利用される側に働いている。配当も同じようにして、定期的に組合員
に配当物資が届くことによって、売店の売り上げが一定数あったことが感じ
られ、共同売店のとのつながりを確認できる。そして、総会は売店がどのく
らい売り上げがあったのかを知り、今後の売店について話し合う機会である
ため、みながどうすれば共同売店が存続するのか考える機会となっている。
また、集落の人びとは、「共同売店」に入植当時の先遣隊の「共同を星野集落
に残していきたい」思いが込められていることを感じ、閉店にさせてはいけ
ない意識を持っている。

　星野集落の南下に大里集落という開拓移民の集落がある。ここにも、共同
売店が存在していたが、2013年から休業している。筆者は、この集落を訪
れた時に、配達サービス業者が冷凍商品などの食料品を公民館にまとめて配
達していたところに遭遇した。確かに共同売店がなくとも、このような配達
サービスを利用すれば生きていくことはできる。昔と比べ、便利な時代に
なったが、便利は人びとを個人化させる。便利な生活というのは、必ずしも
人を幸福にするとは限らない。共同売店は、便利になった社会の中で「便利
になっても集落で共同して行う」という象徴になっている。つまり、現代に
おいても共同売店は、「共同売店が地域住民の日常生活の要求を満たしつつ、
同時に共働・共益・共存という村落共同の統合的、象徴的機能を果たしてい
る」のである（安仁屋・玉城・堂前 1979: 184）。

　共同売店は、ある種の紐を創出して、様々なアクターと共同売店、また、

そのアクター同士を結び付けている。その太さは共同売店との関わりによって決まる。集落に関していえば、集落の人びとに直接結びつけ、売店組合という組織があるため、人びと同士を結び付ける。集落外では、卸屋や観光客、他地域に住む人びとを繋ぎとめている。共同売店に来ていた観光客と集落の人を結びつけることもある。時代が変わり、暮らしが変わったことによって、共同売店がつなぎとめる紐の太さも変わっている。つまり、生きていくための共同性は薄れたが、別の共同性は存続していく。共同売店があるということは、これからも新しい共同を生み出す潜在的な可能性がある。このように、これからも共同売店は、集落内外の人びとにとっての意味を変化させながら存続していくのだろう。

注

1 星野集落を開拓する移民のリーダーとして人びとの先頭に立ち、導いてきた。「移民の父」として慕われていた（小椋 2000: 81）。
2 坪田圭司は、戦争時代に石垣に入った。その際、マラリアにかかり、白保の人びとに世話になり、その感激から石垣に定住した。
3 Aさんは1932年生まれ、女性である。Aさんへの聞き取りは2017年3月15日におこなった。
4 2017年3月14日ヒアリング。
5 全く降雨を伴わず、霧のように海水を噴き上げて八重山全島を襲ったキッド台風が通った後は、焼け野原のように草木を枯らし、あたり一面を赤く染めた。農作物は全滅し、開拓意欲を失くして引き返す人すらいた（小椋 2000: 26）。
6 門中とは、親族呼称の一つで、始祖を一つにする父系血縁集団。祖先祭祀を主な機能とするが、共有財産の管理運営や成員相互の親睦団体として活動する（1997 外間）。
7 人魚伝説とは八重山の民話である。1770年代、星野集落の近くの野原崎で漁をしていた人の網に人魚がかかり、人魚が逃してくれと懇願したため逃がすことにした。すると、人魚はいついつに津波が来ると教えてくれた。そのため、星野集落の人びとは高台に避難し、津波によって命を落とすことはなかった（仲島・前花・宮良 2000）
8 2016年8月30日ヒアリング。
9 2016年8月30日ヒアリング。

10 2017年3月17日ヒアリング。
11 2017年3月17日ヒアリング。

参考文献

安仁屋政昭・玉城隆雄・堂前亮平, 1979,「共同店と村落共同体──沖縄本島北部
  農村地域の事例(1)──」沖縄国際大学南島文化研究所『南島文化』創刊号, 47-
  186.

安仁屋政昭・玉城隆雄・堂前亮平, 1983,「共同店と村落共同体──沖縄本島中南
  部地域と離島の事例(2)──」沖縄国際大学南島文化研究所『南島文化』, 165-
  229.

東運輸株式会社, 1980,『30年のあゆみ』, 八島印刷.

外間守善, 1997,『沖縄古語大辞典』角川書店.

石垣市教育委員会市史編集課,「八重山近・現代史年表 平成元年1月8日～平成
  10 年 12 月 31 日 」(http://www.city.ishigaki.okinawa.jp/100000/100500/
  Timeline/timeline-page/timeline-41.html 2017年4月15日最終閲覧).

国頭村役所, 1967,『国頭村史』株式会社東徳.

金城朝夫, 1988,『ドキュメント 八重山開拓移民』, あ～まん企画.

宮城能彦, 2004,「共同売店から見えてくる沖縄村落の現在」『村落社会研究』11
  (1): 13-24.

仲島エイ・前花哲雄・宮良松, 2000,「人魚と津波」福田晃・山里純一・村上美登志
  編『琉球の伝承文化を歩く1 八重山・石垣島の伝説・昔話──大浜・宮良・
  白保──』17-2, 三弥井書店.

人魚の里星野,「開拓移民の歴史」(http://ningyonosato.isigaki.info/about-hoshino/
  history/rekishi1.htm 2017年4月15日最終閲覧).

小椋武史, 2000,『星野入植50周年記念誌』.

大宜味村史編集委員会編, 1978,『大宜味村史』大宜味村.

新城恵美・仲村公輔, 2001,『伊野田入植50周年記念誌』, 入植50周年記念誌事業期
  成会.

平恒次, 1957,「琉球村落の研究 国頭村奥区調査報告」『琉球大学文理学部紀要人
  文科学編』(2): 1-53.

八重山毎日新聞, 1965,「入植16年目を迎える星野開拓地 一人の落ご者もいな
  い」.

5章　自衛隊配備問題から考える島の未来の選び方
──地政学的思考よりも深い島人の経験的世界をもとに

松村　正治

1.当事者として応えざるをえない問い

　沖縄県の石垣島は、九州南端から台湾へ連なる琉球弧の南西端に位置する八重山諸島の主島である。東京からの距離は約1,950km、同じ県内の那覇からは約410kmで、台北との距離の方が約280kmと近い。中国が領有権を主張する尖閣諸島は約170kmの距離にあり、地籍上の住所は沖縄県石垣市登野城である。

　2013年に島の南東部に開港した新石垣空港は、東京、大阪、福岡、那覇など、全国の主要空港と直接結ばれており、八重山の玄関口となっている。新空港から約15km離れた市街地には石垣港があり、竹富町に属する竹富島、黒島、小浜島、西表島、波照間島といった周辺離島へ15～60分で行くことができる。

　島の中央部には、県内最高峰の於茂登岳 (標高526m) がそびえ、その南側には平坦地が広がり、市街地が形成されている。亜熱帯性気候のため、サトウキビやパインなどの栽培が盛んなほか、近年は肉用牛の生産が堅調である。また、周辺の海域にはサンゴ礁がよく発達しており、これを観光資源とするマリンスポーツが有名である。

　このように石垣島は、八重山観光における拠点として、マリンスポーツのメッカとして、観光客に人気が高い島である。一方で、軍事力を増してきている中国と近く、領有権をめぐり対立している尖閣諸島が近いことから、国防・安全保障上重要な島とも考えられている。しかし、石垣島を「観光の島」

として、あるいは「防衛の島」として捉えた場合、島に住む人びとの姿はあまり見えてこない。日本の中心に人口約940万人の東京都区部を置いたとき、南西端の国境に近い人口約4.8万人の石垣島は非常に微少であり、中央から周縁へと向けられる視野の中に島人の生活世界はほとんど映らない。

　本章では、こうした非対称性を念頭に置き、石垣島に住む人びとの視点に近づいて、現在進行中の自衛隊配備問題について考えていく。ただし、島を二分するこの問題の賛否を問うことが目的ではなく、この問題を手がかりにして、島人の視点から島の未来について考えるための材料を整理することが本章の目的である。そのために、まずは自衛隊配備をめぐる＜賛成-反対＞の意見がかみ合わない構造を分析し、物事を議論する際の地理的範囲や視点の重要性について考察する。そのうえで、少しでも確かな情報をもとにした合意形成へと向かうために、かつて同じように島を二分した新石垣空港建設問題についてふりかえる。最後に、この経験を踏まえて島の未来を選ぶ際、島人が当事者として応えざるをえない問いがあること、それは同時に、読む者もこの問題の当事者として向き合うべき問いがあることを述べる。

2.石垣島における自衛隊配備問題の経緯

　2016年の暮れが押し迫った12月26日、中山義隆石垣市長は記者会見を開き、国が計画する自衛隊配備について、「防衛省に対し、配備に向けた諸手続きを開始することを了承する」と、受け入れる方針を表明した（八重山毎日新聞、2016年12月27日）。約1年前の2015年11月、若宮健嗣防衛副大臣が石垣市役所を訪れ、500〜600人規模の陸上自衛隊を平得大俣地区に配備する計画を説明し、市長に対して正式に受け入れを要請していた。その後、2016年4月と5月に防衛省による住民説明会が開かれ、同年10月には石垣市主催で公開討論会が開かれた。こうしたプロセスをもとに、市長は「この1年で意見が集約された」と総括する一方、安全保障環境が厳しくなっているため南西諸島における防衛体制の充実は重要との認識を示し、自衛隊配備

計画の実現に向けて工程を一つ前進させた。

　中山市長による自衛隊配備の受け入れ表明は、これまでの言動を考えれば十分に予想できた。自身の著書では、中国に対して強硬的な態度を示すべきという持論を述べ（中山2012）、自衛隊の誘致活動を積極的にすすめる八重山防衛協会の顧問も務めるなど、政治信条は明白だからである。しかしこれまでは、自衛隊配備について見解を問われると、安全保障は国の専権事項[1]であるとして、態度を保留してきた。石垣市議会で野党議員から「市長として誘致しないという立場ならば、（八重山防衛）協会の顧問を辞めるべきではないか」と問われたときは、「市長という立場で誘致することはない。現状通り顧問でいきたい」と応え、個人的な信条と公的な立場とを分けて対応していると述べた（八重山毎日新聞、2016年9月14日）。つまり、この問題については、政治家個人としての考えからではなく、住民の声をよく聞いたうえで首長として判断すると説明していた。

　自衛隊配備計画が持ち上がってから、石垣島は賛否をめぐって大きく二分された。この計画を阻止しようという島人たちは、防衛省による動きを察知すると、2015年8月に「石垣島への自衛隊配備を止める住民の会」（以下、「止める会」）を立ち上げた。2016年1月には、候補地周辺の開南、嵩田、於茂登の3地区公民館が計画反対を決議した。10月には川原公民館も反対することを決議し、周辺4地区の公民館は配備反対のために共闘することになった。一方、推進する立場の島人は、八重山防衛協会を中心として石垣島自衛隊配備推進協議会を10月に発足させた。

　もし、市長が受け入れを表明した時点の市民の声を直近の選挙結果で代表させるならば、配備賛成派が多数となる。2014年3月の石垣市長選挙では中山市長が再選を果たし、9月の市議会議員選挙では与党系議員が22議席中16議席を占めた。2016年9月には、石垣市議会が「石垣島への自衛隊配備を求める決議」を賛成多数で可決していた。

　たしかに、市長選のさなかに石垣島に自衛隊の配備が検討されているという新聞報道はあった（琉球新報、2014年2月23日　沖縄タイムス、2014年2月24

日）。しかし、公式には計画内容について何も明らかにされておらず、この問題は争点化されなかった。続く市議選の段階でも同様であったことから、これらの選挙結果が市民の声を代弁しているとは言いがたい。このため、中立・反対派のなかには、自衛隊配備の賛否を問う住民投票の実施を求める声がある[2]。

2016年11月、「止める会」など13団体で組織する「石垣島に軍事基地をつくらせない市民連絡会」（以下、「市民連絡会」）は、さらに議論を重ねることが必要だとして、前月の公開討論会で実施した来場者アンケートの結果を明らかにするように市長に要請した。これに応えて12月上旬に公表された結果によると、自衛隊配備に反対46％、賛成27％、その他27％であった。反対意見は「戦争につながる」「対話による平和外交を」「攻撃対象になる」などが多く、賛成意見は「抑止力になる」「防衛や災害から人命と財産を守るため」などの意見があった。ただし、このデータは、来場者約700人のうち回答のあった300人分について、自由記述欄の内容を賛否に分けたものである（八重山毎日新聞、2016年12月6日）。

中山市長はこの結果について、「判断材料と捉えるのはどうかと思うが、意見としては受け止めたい」としつつ、「遠くないうちに（市長として）判断したい」と述べた（沖縄タイムス、2016年12月6日）。はたして、アンケート結果を公表した同月中に、予想されたシナリオ通りの受け入れ表明となった。

「止める会」などの団体は、この市長判断を一斉に非難した。とりわけ、候補地周辺の4地区公民館は地元軽視だと猛烈に反発した。市長はこれら公民館に対して、地域住民の話を聞いたうえで判断したいと述べていたのに、日程の調整がつかなかったことを理由に、住民と会わずに受け入れを表明したからである。4地区公民館は約束を反故にされたと、地域への謝罪と表明の撤回を求めて強く抗議したが、中山市長は、「最終判断」ではないし、配備に向けた手続きを進めてからでも、住民に不都合な部分があれば調整できると、自らの言動を正当化した。

市長からすれば、このように弁明に追われることは十分に予測できたはず

である。それでも受け入れを表明したのは、防衛省から強い要請を受けているうえに、市議会で誘致派が多数を占めていること、さらに個人的な信条としても賛同していることもあって、最終的には理解されると判断したのだろう。

　ここで着目したいのは、この市長判断の是非についてではない。賛成／反対の立場から意見が述べられても、市長の受け入れ表明へ至るまで、いっこうに議論が深まらなかったのはなぜか、である[3]。ちなみに、この問いに対して、そもそも安全保障問題は国の専権事項であり、市議会でも自衛隊誘致を決議しているからというのは答えにならない。もしそうであるならば、市民向けに説明会を開催したり、アンケート調査を実施したりすることは、単に計画を市民に周知させるためだったことになり、「市民の声を聞いて判断する」と繰り返し述べてきた市長の発言と矛盾する。あくまでも論理的に考えるならば、合意形成のプロセスを踏んでも議論がかみ合わなかった理由について、別の観点から明晰に論じることが必要となる。

写真1　反対派が掲げる幟

写真2　賛成派が掲げる幟

3. 自衛隊配備をめぐる議論が空転する理由

3.1 自衛隊配備をすすめる地政学的思考

なぜ自衛隊配備をめぐる＜賛成-反対＞の議論は空転してしまうのか。その議論の構造を分析するために、まずは賛成派の意見から取り上げたい。その論理を理解するには、石垣市議会が可決した「石垣島への自衛隊配備を求める決議」[4]に目を通すとよいだろう。決議文には、およそ次のように書かれている。

すなわち、中国の軍事力が高まり、東シナ海における軍事的活動が活発になっているほか、北朝鮮のミサイル発射や核実験の強行などにより、日本を取り巻く安全保障環境が緊迫している。穏やかな平和は力による均衡によって保たれることは「世界の常識」であり、戦争を起こさないためにも実効的な抑止力が必要である。尖閣諸島を抱える石垣市では、島嶼防衛の防人としての役割を果たし、防衛力を高めるためには自衛隊の配備が必要不可欠である、というものだ。

ここでは、決議文の妥当性を吟味せず、この論理が災害救助やコミュニティ支援といった地域内在的なものではなく、防衛省の方針と符合していることに注目したい。2010年に閣議決定された防衛大綱以後、かつては旧ソ連を仮想敵として北海道に多くの部隊が置かれていた自衛隊を、中国の海洋進出に備えて南西諸島方面へと移す姿勢が明確になっている。この「南西シフト」は、米国の安全保障政策にも呼応しており、アジアにおける中国の影響力が高まるなかで、米国は自国の軍事力を増強するのではなく、日本をはじめ同盟国と連携してパワーバランスを維持しようとしている（伊波 2015、Mochizuki 2015）。

こうした米国の対中戦略は、中国の対米軍事戦略と対応している。中国の戦略では、日本列島から沖縄、台湾、フィリピン、ボルネオにいたる島嶼の連なりを「第一列島線」と捉え、このラインより大陸側の制海権を重視しているとされる。米国は、琉球列島弧が「第一列島線」と重なることから、日

5章　自衛隊配備問題から考える島の未来の選び方　　97

本とともに宮古海峡・奄美海峡などを警戒監視し、中国の海洋進出を封じ込める戦略を立てている。米国からすれば、かりに台湾をめぐる中国との対立が先鋭化して有事が発生しても、その範囲を東シナ海域に制限して全面戦争を避けようというねらいがある。その裏返しとして、中国との間の海洋限定戦争については実戦的なシミュレーションがおこなわれているという（Navarro 2015、小西 2016）。

　米国の同盟国である日本は、この軍事戦略に沿うかたちで、南西諸島の島嶼防衛作戦を策定している。島嶼部に対する攻撃への対応としては、陸上自衛隊の「平素からの部隊配置」により継続的な情報収集・警戒監視などに努め、事前に兆候を得た場合は実力部隊の「機動展開」を図り、侵攻された場合は上陸して「奪回」するという3段階の抑止・対処策が定められている[5]。

　このようなグローバルな安全保障上の戦略が、先島諸島では、与那国島に150人規模、石垣島に500〜600人規模、宮古島に700〜800人規模の自衛隊を配備するという具体的な計画となって現れている。すでに、尖閣諸島に近い与那国島では、「南西シフト」の先駆けとして、2016年3月に沿岸監視隊160名が配備された。隊員の家族も合わせると約250名が移住することになり、1,500人を少し割っていた島の人口が1,700人以上に、割合にして15%以上も一気に増加した。

　与那国島では、最大の課題となっていた人口減少を食い止めるために自衛隊を誘致し、防災や地域行事などにおいても活躍してもらおうと考える人が少なくなかった[6]。つまり、自衛隊の「南西シフト」という外的なプッシュ要因に対して、地域コミュニティを維持するために自衛隊を誘致しようという内的なプル要因が重なり、力が増幅されていた。

　これに対して石垣島では、1975年以降の人口は増加傾向にあり、観光客の数も2013年の新空港開港以降は増え続けている[7]。このため、自衛隊が配備されると穏やかな島のイメージが損なわれ、地域経済を牽引している観光業はマイナスの影響を被ると心配する人びとがいる。与那国島に比べると石垣島はプル要因が弱く、自衛隊配備をめぐる力関係が複雑化しやすい状況に

ある。

3.2 スケールの階層性・重層性と議論の位相

　このようにして島に働く力関係を詳細に分析するには、政治地理学を中心に理論化されてきた「(地理的)スケール」という概念が参考になるだろう。ここでスケールとは、地図上の縮尺を意味するのではない。ポリティクス(政治)が働く空間的な広がりを示す概念で、ローカル、ナショナル、グローバルといったスケールがしばしば用いられる。この概念は、スケール間の関係性やその変化のプロセスを分析できるので、特定地域の問題であっても、いくつものスケールの政治が階層的・重層的に働いているときに有効である(山崎 2005)。

　本章が取り上げる問題では、グローバルかつナショナルには石垣島に自衛隊を配備する方向に力が働いており、ローカルにはこれを誘う力と拒む力が対立している。ここで、反対派がローカルスケールで議論を進めようとすると、賛成派は安全保障は国の専権事項だからとナショナルスケールの政治に議論を預ける[8]。対して、国は地元の理解が重要だとしてローカルスケールに議論の位相をずらし、この問題が国からの押し付けではないという印象をつくってきた。反対派から見ると、スケールの階層性・重層性は、批判をかわすのに利用され、議論が深まるのを妨げてきたように映る。

　国‐都道府県‐市町村という階層性は、このスケールと一対一で対応する関係ではない。しかし、政権与党は、中央議会である国会から都道府県議会、市町村議会の隅々まで、統率の取れた国家運営を目ざすものである。特に、安全保障は国の責務と考えられていることから、全国に張り巡らされている政治的ネットワークを十分に活用して、どのレベルの議会においても同じロジックで主張を展開し、多数派を形成しようとする。だから、石垣市議会の決議文は、閣議決定された防衛計画と符合するのである。

3.3 グローバル／ナショナルスケールと地政学的アプローチ

　石垣島は地球儀の上で砂粒ほどにしか見えない小さな島であるが、グローバルな地政学的見方から捉えれば、米中両国とも重視する琉球列島に位置する安全保障上枢要な島となる。このとき石垣島は、島社会に外在的な視点から、地形・地質などの自然条件と国際政治の動向をもとに軍事上の重要性が評価されている。

　しかし、そのような視点から考えるとしても、自衛隊を配備すべきという結論に至るとは限らない。これは、防衛力強化によって、いわゆる「抑止力」が働くのか、という議論と接続する。中国の「第一列島線」のライン上にあり、尖閣諸島にも近い石垣島に自衛隊を配備することは、島の安全性を高めるのか、それとも危険性を高めるのだろうか。

　こうした問題については、ゲーム理論に基づく国際政治学的な研究が進められているが、「抑止力」が働くかどうかを予測することは困難である。自国の軍備増強が敵対国との緊張関係をエスカレートしていくので、防衛のためのさらなる軍拡へという負の連鎖を招く「安全保障のジレンマ」に陥るかもしれない。反対派は、自衛隊配備がこうしたジレンマ状況を招来し、基地が格好の「標的」となることをおそれている。一方、リアリズム(現実主義)を標榜する賛成派は、「抑止力」が働くことで脅威を減らし、島人の安全が確保されると考える[9]。この背景には、近年、軍事力を高めている中国との間で、パワーバランスを維持するために軍備を増強しようという目論見があるだろう。しかし、パワーバランスを重視するのがリアリズムの立場ならば、両国とも軍事的な均衡を維持しようとして、「安全保障のジレンマ」に陥ると考えるのが論理的である(鈴木・岡田 2013)。このように、グローバルかつナショナルなスケールでは、賛成派・反対派ともにリアリズムに立つとしても、自衛隊配備によって力の均衡がもたらされるのか、それとも崩れるのかはわからないので、合理的な解決策は存在しないと考えるべきであろう。

3.4 ローカルスケールと系譜学的アプローチ

　それでは、ローカル、あるいはコミュニティのスケールに目を転じるとどうだろうか。歴史社会学者の石原俊は、石垣島と同様、国境に近い小笠原諸島を対象にした研究で、これを地政学的に捉えるのではなく、現在島に暮らす人や過去に暮らした人の声を集めて島社会の現実を見つめる方法論を採用し、これを「地政学を超えた系譜学」と呼んだ（石原 2013a、2013b）。ローカルスケールのポリティクスに着目するならば、石原の言う系譜学的なアプローチとともに賛成／反対の主張を理解することが必要であろう。

　すでに述べたように、候補地周辺の4地区公民館は自衛隊配備に関する地元住民へ説明が十分ではなく、納得していない状況のまま計画が粛々と進められていくことに反発している。迷惑施設が近隣に建設されることに対して反対すると、NIMBY（Not in my backyard）や地域エゴとみなされ揶揄されることがあるが、4地区公民館の憤りの根底には、そうした通俗的な理解を超える経験的世界がある。それは、候補地周辺の開拓史を繙くことで接近できる。

　八重山諸島はしばしば「合衆国」と言われるように、多くの移民・移住者によって構成されているが、石垣島の候補地周辺はその典型と言ってよい（三木 2010）。たとえば、嵩田地区は、台湾移民の家系が多い集落として知られている（第2章参照）。この地区には、1935年にパイン加工工場が設立されたのを契機に、約60世帯の台湾農業者がパインや水牛などを携えて入植した。当時、台湾のパイン産業は全盛期であったのだが、工場が乱立して過当競争が激しく、植民地統治下で強制的に整理縮小が進められた。合併によって工場を失った人びとが、新天地を求めたのが石垣島だったのである。彼（女）らは、戦中の混乱期をくぐり抜け、戦後のパイン産業発展に大きく貢献した（林 1984）。

　開南地区と川原地区は、ともに沖縄県の計画移住政策に基づいて創設された集落である。開南地区は1938年に石垣島内の集落から17戸が入植し、川原地区は1941年に沖縄本島の豊見城村から20戸が入植した。於茂登地区は、

1957年に琉球政府の計画移民として、本島の北谷村・玉城村や与那国島の入植者によって創設された集落で、北谷村出身者の多くは、米軍に土地を接収されて八重山移民となった人びとだった（金城 1988、三木 2010）。

　このように、いずれの集落も、さまざまな理由で生まれ育った場所を離れ、移り住んだ開拓者によって創設された。移民一世とその子孫は、土地と切り離せないファミリーヒストリーを持つために、その地に根ざして生きることが本人や家族のアイデンティティと強く結びついている。マラリアと闘いながら原野を切り拓き、島に定着するために歩んできた先人の苦労や生きざまに思いを馳せると、防衛省や石垣市による形式的な住民対応は、この土地に人生をかけた一人ひとりが軽く扱われているように映るだろう。

　また、反対する人びとの中では、二度と戦争を起こしてはならないと誓う戦争体験者の声も強い。石垣島では、沖縄本島のような地上戦は免れたが、軍事施設を中心にたびたび空襲に見舞われた。さらに、日本軍に住む場所を追われた人びとは、マラリア有病地であった於茂登岳周辺でキャンプ同然の生活を強いられ、「戦争マラリア」による多くの犠牲者を出した（大田 1996）

写真3　自衛隊配備に反対する開南公民館の看板

（第1章参照）。こうした過酷な戦争体験を持つ人びとが、これまで八重山の平和運動をリードしてきた。彼（女）らは、自衛隊が配備されれば島が安全になるという賛成派の主張に対し、戦争体験をもとにして、基地があるところが格好の標的になること、島が戦闘状態に陥ったときには住民も巻き添えになることなどを伝えている。戦争で家族・親族を亡くした者からすれば、島内に基地を置かせないで、戦争につながるリスクを低くしておくことが、残された者の使命だと思っているに違いない。

　もちろん、政権与党、市長、市議会与党と対立する革新系の政治団体、労働組合も反対している。たとえば、日本共産党八重山郡委員会は、2015年4月に防衛省の開示情報を分析して島内にある7つの候補地を特定して、計画の撤回を防衛省と石垣市に求めていた。まだ、自衛隊配備計画の輪郭が見えていなかった頃から、一貫して反対する姿勢を示してきた。

　一方、反対派の中には、リベラルな保守本流であると自認し、中山市長のような立場とは一線を画している市議会議員もいる。また、「市民連絡会」の共同代表を務める医師の上原秀政氏は、「私自身はどちらからといえば保守」だと述べつつ、政治的な保革対立を超えて自衛隊配備に反対すべきだと訴えている[10]。このように、いわゆる革新系政治家に加えて、政治的には保守的な立場であっても、この問題に反対している人びとがいる。

　このほか、子どもが育つ島のゆくえを案じる若い親や、石垣島に惹かれて最近引っ越してきた移住者などが、それぞれの思いから反対している。彼（女）らの表現手法には、インターネット上のウェブサイトやSNSによる情報発信、カラフルなチラシの制作、若者が関心を持つような音楽の使用など、現代的な社会運動の側面が見られる。

　このように、自衛隊配備に反対する島人は、さまざまな背景を持ち、政治的信条も多様であるから、それぞれの考えを理解するには、系譜学的なアプローチは有効であるとわかる。そうであるならば、賛成する立場にもローカルな文脈をたどることで理解できる地域固有の論理があってもいいはずである[11]。たとえば、尖閣諸島戦時遭難事件の遺族会は、尖閣諸島への墓参を強

5章　自衛隊配備問題から考える島の未来の選び方　*103*

く希望しているので、領土を守るための自衛隊配備に賛成するだろうと想像しやすい。しかし実際はそうではなく、遺族会長は中国との関係がこれ以上悪化することなく、友好的な関係を築いたうえで上陸できるようになることを望んでいる。また、八重山漁協は、好漁場である尖閣周辺海域で台湾漁船との間でトラブルが頻発しているが、こうしたローカルな問題からすぐにナショナルな軍備増強へと議論を飛躍させることはない。組合長は安心して漁ができるように平和な海を取り戻すことが大事だと意見を述べ、操業上の問題を中国との関係悪化の材料に結びつけようとする外部の動きを静めようとしている。このように、尖閣諸島やその周辺海域に深い関係のある当事者は、むしろ、自衛隊配備に前のめりになる側に対してブレーキをかける役割を果たしている（沖縄タイムス「尖閣」取材班編 2014）。こうした隣国との向き合い方は、平和が大事だという素朴な理想主義からではなく、近しい死者の魂を鎮めるために、あるいは生業の場を確保するために尖閣諸島のことを大事に思うからこそ育まれたものだろう。

　以上をまとめると、石垣島の自衛隊配備問題は階層的・重層的なスケールでポリティクスが働くために、議論のスケールが定まらずに空回りしやすい構造を孕んでいる。さらに、グローバルかつナショナルなスケールでみても、自衛隊配備によって抑止力が働くかどうかは予測できないので、賛成／反対の立場から主義主張を述べるだけに陥りやすい。一方、ローカルスケールでは、系譜学的なアプローチによって、それぞれの主張の背景と意味を理解することができる。特に、反対する声の多様性を受け止めるには、島の経験的世界に踏み込むことが大切である。けれども、その一人ひとりの声は、圧倒的な非対称性のなかで、ほとんど顧慮されることはない。

　このことを正視したうえで、それでも時間は流れ、私たちは現実の社会を生きていくので、考えることをやめるわけにはいかない。正解のない問題だから、正しさを争うことはできない。だから何かを手がかりにして、妥当な選択肢を見つけていくよう努めるしかないだろう。

4. 参照すべき経験としての新石垣空港問題

4.1 新石垣空港問題の経緯

　地政学的な議論では、政治的イデオロギーに頼る水掛け論に陥りやすく、話し合っても論点が深まることは少ない。望ましい合意形成へと向かうためには、少しでも確かな情報をもとにして未来を想像することが求められる。そのための方策として、ここでは、自衛隊配備問題を直接扱うのではなく、同じように賛否をめぐって島が二分された新石垣空港問題を取り上げよう。まずは、この空港問題を時系列に沿って整理しておく。

　1979年7月、石垣島南東に位置する白保集落の地先の海を埋め立て、新空港を建設する計画案（白保海上案）が発表された。旧空港の滑走路は1,500mと短く、旅客機の大型化に対応できないからと、2,500mの滑走路を備える空港を新設する計画だった。同時に結成された新石垣空港建設促進協議会（以下、促進協）は、石垣市・竹富町・与那国町ほか、八重山郡内の行政機関・団体を網羅した組織だった。しかし、この計画は地元の白保集落と事前調整をせずに一方的に決定されたことから、白保住民から大きな反発を招いた。同年暮れ、白保公民館は全会一致で反対を決議、年明けから反対運動が本格化した。

　1980年6月、白保漁民による猛反対にもかかわらず、八重山漁協は埋め立てに同意、島内には新空港建設に賛成する意見が多く、白保集落の孤立は深まった。白保漁民は裁判に訴えるも棄却され、現地調査を阻止する直接行動も強制排除された。1982年8月には、旧空港でオーバーラン事故が発生し、市民の間から新空港早期建設論が巻き起こった。

　孤立無援の白保の闘いを支援したのは、1983年7月に発足した「空港問題を考える市民の会」だった。公有水面の埋め立て許可が下りればすぐにでも工事が始まるという段階だったが、発足に際して開いた講演会がきっかけで「白保のサンゴ」を前面に打ち出す反対運動が登場した。同年12月には、那覇と東京でも白保の海を守るための組織が結成され、小さな島の運動が全国

5章　自衛隊配備問題から考える島の未来の選び方　105

から注目される運動へと展開していった。

　一方で、白保住民も一枚岩ではなかった。土地買収も終え、着工に向かっている現実を直視して、地元に有利になる条件を付けて認めるべきと考える人びとは、1984年5月に「白保の将来を考える会」を結成した。これにより分裂は決定的となり、1985年に条件付き賛成派は白保第一公民館を立ち上げ、同じ集落に2つの自治組織が並立する異常事態となった。その後、豊年祭、生年祝いなども別々に開催され、集落は分断された。

　反対運動のシンボルとなった白保のサンゴ礁は生物多様性に富み、特にアオサンゴ群落は世界最大級と評価され、メディア、研究者、ジャーナリスト、政治家などから注目を集めた。県は滑走路を2,000mに縮小する修正案を示し、促進協らは200人近い要請団を東京に送り、関係省庁に直訴して巻き返しを図った。反対運動側は1988年の国際自然保護連合（IUCN）総会でサンゴの危機を訴えるなど、グローバルな環境運動を展開した。

　1989年、県は10年間進めてきた白保海上案を断念し、そこから北に4km移して、埋立面積を縮小する新たな計画案（カラ岳東案）を発表した。しかし、その埋立海域でも新たにサンゴの大群落が見つかったうえに、予定地内で土地転がしの疑惑も浮上し、賛否をめぐる激しい対立は続いた。

　1990年、大田昌秀が3期続いた西銘順治を破って沖縄県知事に就任すると、懸案となっていた候補地の選定をやり直すことにした。そこで、大学関係者を中心とした新石垣空港建設位置検討委員会を設置したが、その検討結果は「選定するのは困難」というものだった。1992年、判断を委ねられた大田知事は、海を埋め立てずに建設できる宮良牧中案をトップダウンで選定した。

　しかし、この計画案は地元の意向を汲んだものではなく、さらに、予定地が土地改良された農業地帯を含むために、今度は「サンゴを守れ」が「農地を守れ」となって激しい反対運動が繰り広げられた。地元の宮良・三和・川原の各公民館は反対を決議、阻止闘争委員会を設立した。宮良牧中でも、反対する住民は計画を阻止する直接行動に訴え、白保と同様の混乱が生じた。一方で、早期着工できるならばどこでもよいという意見が、知事を支援する革

新系団体や建設業・観光業などの経済団体、さらに三和・川原の一部地権者らの間で急速に台頭し、新石垣空港早期実現協議会（以下、実現協）が発足した。これにより実現協と促進協の対立構図が鮮明となり、その後の市長選・知事選などで空港問題は争点となり、保革対立をあおることになった。

1998年、稲嶺惠一が太田昌秀を破って沖縄県知事となり、あらためて位置選定委員会を設置し、複数の計画案の中から候補地を決めることとなった。この委員会は学識経験者を除く4分の3が地元関係者という構成で「地元主導」により進められた。そして2000年3月、過去に候補地となった案（宮良牧中案、カラ岳東案、冨崎野案）にカラ岳南側の陸上に建設するカラ岳陸上案を加えた4案の中から、委員会はカラ岳陸上案を選定した。その後、2006年に起工式がおこなわれ、2013年3月に新石垣空港が開港、以降、入域旅客数は順調に増加している（上地2013）。

4.2　島に生きるための島を守る抗い

新石垣空港問題は、白保海上案をめぐる闘争が全国的に有名になったことから、サンゴ礁の海の埋め立て問題であったと思われがちである。結果的には、埋め立てが回避されたので、自然保護運動が勝利した事例として記憶されているかもしれないが、経緯を振り返ると、それほど単純な問題ではなかったことがわかる。

そこで、この問題についてより深く理解するために、白保案（白保海上案、カラ岳東案）と宮良案（宮良牧中案）それぞれの反対運動のキーパーソンが、どのような思いを持っていたのかを明らかにしよう。ここでは、白保について白保公民館新石垣空港建設阻止委員会の事務局を担っていた山里節子さん、宮良については三川地区宮良牧中空港建設阻止委員会の委員長を務めた田原信一さん（仮名）を中心に取り上げる。

4.2.1　白保案への抵抗——山里節子さんのライフヒストリーを中心に

山里節子さん（1937年生）は、家族8人のうち4人を戦争で亡くしている。

5章　自衛隊配備問題から考える島の未来の選び方　*107*

1943年12月には、兄が予科練予定者として那覇から鹿児島へ船で向かう途中、米軍に撃沈され死亡。1945年2月には、生後4ヶ月の妹が自宅敷地内の防空壕で餓死。日本軍に強制退去させられた島内の移動先では、山里さん本人と両親、祖父母がマラリアに罹り、5月に母が、8月に祖父が山中で命を落とした。

　1955年、米軍と米国地質調査所により石垣島に調査団が派遣され、島の地質、土壌、植生、水利などを綿密に調べる「軍事地質調査」が始まった。当時、山里さんは家庭の事情で八重山高校を中退し、昼間は会社に勤め、夜は週に数回、島内の琉米文化会館の英語クラスに通っていた。地質調査で現地アシスタントの募集があることを知り、生きた英語を勉強したいと応募したところ採用された。その後約1年半、米国人地質学者の助手として島内の現地調査にかかわった。調査終了後、調査団は都内の王子キャンプでレポートをまとめることになり、山里さんもあわせて1956年に上京し、資料の整理、地図・図表づくりに携わった。このレポートは米国防総省へ提出され、石垣島の軍事利用の可否を検討する基礎データとして活用された（沖縄タイムス「尖閣」取材班 2014、「標的の島」編集委員会 2017）。

　1959年、山里さんは王子キャンプでの仕事を終え沖縄本島へ移住した。ほどなく、米国の航空会社に客室乗務員として採用され、サンフランシスコを生活の拠点にして、ホノルル、グァム、那覇などを往来した（長谷川 2016）。1976年、石垣島の登野城に戻った山里さんは、手織りの仕事に打ち込み、伝統工芸を見直す活動にかかわるようになった。1979年に沖縄の自立的な地域振興を図るために開催された「沖縄シマおこし研究交流会議」では、手仕事の会を代表して、八重山の工芸運動の可能性や課題について発言している（山里 1980）。

　1984年、石垣市内で初めて建設阻止住民総決起大会が開かれ、それまで孤立無援だった白保の反対運動が島内に広がった。山里さんはこの運動に加わり、登野城から白保へ移り住み、阻止委員会の事務局を担うことになった。占領下の米軍による調査資料が沖縄振興開発計画のもとになったという見解

が報道され、以前関与したレポートと新石垣空港との関係が気になって、製本された報告書『Military Geology of Ishigaki Island』を取り寄せた。すると、空港や港湾など軍事化に必要なインフラ整備の適地が示されたうえで、平時は民間の経済発展にも役立つだろうと記されていた。山里さんは、かつて協力した地質調査が空港計画と繋がっていたと感じ、軍事加担したという贖罪意識を覚えるとともに、新空港の軍事転用について警戒するようになった。当時の利用状況からすると過大な2,500mの滑走路が計画されていたことは、そうした疑念を強めるものであった。当時は空港問題を軍事と関連づけて議論する人が少なくなかった (空港問題を考える市民の会編 1986、新藤 1993、沖縄タイムス「尖閣」取材班 2014、「標的の島」編集委員会 2017)

　山里さんの英語力は、白保のサンゴの価値を訴えるために世界的な環境NGOと連絡を取り合ったり、海外の海洋研究者を石垣島へ招いたりする際に役立った。1988年にはIUCN総会に出席するためにコスタリカへ飛び、「白保の海を守ってほしい」と訴えたこともある。そして、白保の空港建設反対運動は、「サンゴの海を守れ」という標語とともに全国に広がっていった。しかし、そうした中でも山里さんは新空港の建設が島の軍事化につながると主張していた。

　山里さんは、八重山を代表する抒情歌「とぅばらーま」に、自らの気持ちを石垣方言の歌詞にのせて歌うことを楽しみにしているが、空港建設に反対して作った詞がある。

戦 召ぶ 飛船ぬ道やりば
うりゆ企む 野心家や ぬがあらさぬ
(戦争を招く空港建設だから　それを企てている野心家どもを許さない)

（大田 2012: 124)

　最近15年くらいは、登野城古謡愛好会のメンバーとして、毎週、火曜会を開き、古謡を歌って楽しんでいる。しかし、石垣島に押し寄せた文明の波

5章　自衛隊配備問題から考える島の未来の選び方　*109*

に、歌や踊り、言葉さえも商品化されてきたと感じる。自分たちに固有のものと思っていたものが、語るときによそのものになっている。言葉の環境も変わっている。たとえば、台所を方言で「トーラ」と言うが、生活様式が変わり、設備が西洋風の「キッチン」へと変化したことで、言葉を伝えることがますます難しくなっている。自然、文化、言語は渾然一体となっているが、戦後の石垣島は徹底的に開発されて、風土は一変してしまった。

年上の先輩とは「つうかあ」で通じることが、もう日本語を介さないと通じない。その寂しさ、切なさを痛いほど感じている。古謡を一緒に楽しむ後輩は、八重山方言特有の中舌音を発音できない。そして、地元の小学校で児童を相手に方言を教える立場となり、「ほんとう、時代が変わったのよね」と呟く。

時代とともに変わったもの、失ったものが大きいから、叶わないと思いつつも、敗戦直後まであった島社会における健全な結いの精神を取り戻したいと願う。海と山があって、猫の額ほどの畑で作物を育てながら、自給的な暮らしをしたいと願っている。

現在、山里さんは、「いのちと暮らしを守るおばーたちの会」の世話人として、護憲・平和運動にかかわっている。自衛隊配備には強く反対し、三上智恵監督のドキュメンタリー映画『標的の島──風かたか』(2017年) では、主要な登場人物の一人として映し出されている。

山里さんが石垣島の軍事化を憂慮して作詞した「反戦とぅばらーま」は、次のような歌である。

　　　戦ふむぬ　まだん　ばぎでーくぃそー
　　　あこーさ　ぬぐりしゃ　ぬぶみん　にばるぬ
　　　(戦雲がまた湧き出てきたよ　怖くて恐ろしくて寝ようにも眠れない)

　　　こったる　ミサイル基地ゆ　くさいるんで
　　　あたら　ばがー島　命　しゃーみるんでな

（くらだないミサイル基地を造ろうと　大事な私たちの島の命を消そうというのか）

　自衛隊配備に反対する声を挙げても、思ったほどには島内に広がっていかないことに焦りを感じている。石垣島は、四箇字（石垣・新川・登野城・大川）という市役所や港に近い中心部に「一極集中」しているので、そこから候補地までの距離は7〜8kmなのに、多くの島人からは感覚的に遠い所の問題だと捉えられている。また、反対運動にかかわる人びとの考え方も多様で、たとえば、防衛省から説明会の開催を提案されると、ひとまず受けるか、それとも拒むかで議論が分かれ、統一的な行動を取れないときがあって、もどかしさを感じると言う[12]。それでも諦めずに、人生を賭けて、自衛隊の配備に抵抗している。

4.2.2　宮良案への抵抗──田原信一さんのライフヒストリーを中心に

　現在、農園を経営する田原信一さん（1950年生）は東京都武蔵野市の出身で、初めて石垣島を訪れたのは1969年、東京農業大学1年生のときだった。先輩から紹介された川原地区の農家で1カ月間、パインアップルの農業実習に参加した。それから夏に1度、冬に1度石垣を訪れ、パインとキビの収穫を手伝った。農大では海外移住研究部に入り、海外で農業を営んでいる先輩がいたので、田原さんも卒業後はブラジルに移住し、農業開拓に挑むという夢を持っていた。しかし、石垣島と縁ができて、ここも海外の開拓地のようだと思い直し、移住先を変更した。

　沖縄本島の洋ランセンターで4年間働き、造園の免許を取って石垣島に来たが、ランや観葉植物などは売れない時代だった。パインやカボチャを生産し、他社の造園の仕事を手伝って生活した。1983年に補助事業でハウスを建てて、しばらくスイカを作ったが、害虫が蔓延したので1987年に観賞用植物の栽培に切り替えた。当時は島内に同業者が少なく、またバブル景気に沸いていた頃だったため、行政からプランターの植え替えの仕事を受けたり、高級リゾート施設向けにランや観葉植物を納めたりするなどした。抱えてい

た借金をだいぶ返すことができて、生活が安定するようになった。その間、人の手伝いをしながら島で暮らすための生活術を教わり、二男二女の子どもにも恵まれた（八重山毎日新聞、2006年5月28日）。

　1992年、大田知事が新空港建設予定地を宮良牧中とする方針だと報じられると、予定地に近い三和公民館と川原公民館はすぐに反対を決議し、両地区合同の三川地区宮良牧中空港建設阻止委員会を発足させ、田原さんが委員長となった。また、三和・川原地区よりも人口がはるかに多い宮良公民館も断固反対を決議し、宮良牧中阻止委員会を設置した。

　田原さんが宮良牧中案に反対したのは、川原小学校に近いことも理由の一つだったが、何より予定地が約200haに及ぶ土地改良区を含むものだったからである。かつては石だらけだった土地を農耕に適するように改良し、灌漑施設も整備して、石垣島でも有数の優良農地となった。その農地を潰すという農業軽視の判断に憤慨したのだ。

　宮良案選定の正式表明と合わせるように、大田知事を支援する市議や労組などが中心となって実現協を発足させたのに対して、宮良出身の半嶺当泰市長、促進協、市議会与党の自民党などが反発し、県内の農業団体からも反対決議が相次いだ。その後、膠着状態が続いたが、1994年に大田知事が再選し、石垣市にも革新系の大浜長照市長が誕生、保守系議員の中にも早期建設へ向けて宮良案を容認する者が現れるようになった。促進協の主要な構成団体だった八重山建設産業団体連合会も、早期実現に向けて態度を変えていった。

　地権者の約6割は反対であったが、賛成側に立つ農家も少なくなかった。土地改良事業の施行後、賦課金を支払えずに滞納して大きな借金を抱えていた人たちが、農地を売却したくて賛成側に回ったのである。1996年に大浜市長が再選すると、建設不況にあった同業界を中心に、地元の主要団体は宮良牧中での早期建設に向けて動いていった。

　一方、田原さんは阻止委員長として、文字通り身体を張った妨害行動に訴えた。1996年の県の現地調査の際には、侵入するバスを人垣で押し返したり、調査地点に座り込んだり非暴力で抵抗した。長いときは50日間、テントを

張って座り込んだときもあった。6時から畑に行ってサトウキビの苗を切り、9時から17時までは現地で座り込み、17時過ぎると苗を植えに畑に戻るという生活が続いた。

　県は事態打開のために、田原さんら反対住民を相手に民事保全法に基づく妨害行為の禁止と排除を求めて仮処分を那覇地裁に申し出ると、県の主張が認められた。それでも宮良・三川地区の反対住民は徹底抗戦を選び、1997年に再開された現地調査では、反対住民の強制排除が執行された。逮捕警告が出るなか、田原さんらは気象観測用鉄塔に身体を鎖やワイヤなどで縛り付けて激しく抵抗したが、最終的には排除されて各調査地点に重機が運ばれ、ボーリング調査などが進められた（上地 2013）。

　この間、田原さんの仕事は激減した。公共工事の受注は、反対運動にかかわるようになって皆無になった。園芸商品を育てても売れなくなった。造園業の仲間も、「お前のところへ行くと見られているから」と近づかなくなった。1998年5月に八重山毎日新聞が実施した世論調査では、宮良牧中案に賛成66.2%、反対23.5%という結果となり、宮良・三川地区の反対運動は孤立を深めていた。

　1998年11月、県知事選がおこなわれ、稲嶺知事が新たに誕生した。すぐに新空港問題については仕切り直しとなり、新石垣空港建設位置選定委員会が設置され、田原さんも4つの候補地に関係する公民館の代表として委員就任を依頼された。委員会には、宮良牧中案を推進してきた市長や経済団体もすべて入っていることから一時は「絶対に入らない」と断ったが、農業問題を扱うことや4案横一線で選定することが約束されたので参加することを決めた。2000年、委員会で農政と環境保全の課題で最初の絞り込みがおこなわれ、前者で宮良牧中案、後者でカラ岳海上案が候補地から除外された。これで8年間に及んだ闘いは終わりを告げた。

　田原さんは厳しい反対運動に長くかかわったが、宮良牧中に農地を持っていなかった。にもかかわらず、優良農地を守ろうとしたのは、農大卒業生としての誇りを持ち、農本主義的に「農は国の本なり」という言葉を行動原理

としているからである。石垣島では観光業が盛んであるが、いつか観光客が来なくなるかもしれない。何百年にわたって島人が持続的に暮らしていくには、農業こそが大事であるという信念を抱いている。そのためには、土地生産性の低いサトウキビやパインに固執するのではなく、新しい作物や農産加工品について研究する必要性があると考えている。

　しかし現実には、従来のやり方にこだわり、目先の利益のために行動してしまいがちである。田原さんは、目には見えない本質を見るためには教育が大事だと考え、新しいものの見方や発想を取り入れるために、外部と活発に交流することを大切にしている。実際、田原さんは体験農業、グリーンツーリズムに積極的に取り組み、広い意味で教育的な活動を推進してきた。また、田原さんを囲んで毎月開かれる模合も、多様な分野の人びとがあつまる刺激的な集まりとなっている。

　自衛隊配備問題については、賛成も反対もなく、宮良牧中案への反対運動でお金や時間を相当費やしたので、もう二度と運動にはかかわりたくないと思っている。

5. 新石垣空港問題から自衛隊配備問題へ

5.1　NIMBYではなくNIABYへ

　新石垣空港の建設については、政治的な対立を乗り越え、オール八重山で実現にこぎ着けた大事業として賞賛する向きがある。たしかに、行政主導で決めた計画案が二転三転した経緯を反省して、地元主導の位置選定委員会を設立し、議論の透明性を確保しながら最終案を選定したという合意形成のプロセスは評価すべきだろう。しかし、白保案も宮良案も地元住民からの激しい抵抗に遭い、計画発表から最終案選定に至るまで約20年間もの年月を要した。この間、島は賛否をめぐって二分され、そのしこりや傷が残り、今なお完全には癒えていない。今日、また自衛隊配備をめぐり島は二分されつつあり、空港問題の二の舞を避けたいと願う島人は多い。

多面的な相貌を持つ空港問題の経験は、自衛隊配備問題を考える際に参考になる点もあれば、ならない点もある。ここでは、それらを分析・整理しながら、おもに3つの論点に絞って、自衛隊配備問題の考え方について議論したい。

まずは、この問題を考える際のスケールについてである。空港建設の場合、予定地周辺に騒音・振動などの被害が集中することから、コミュニティスケールで考える妥当性が一定程度認められる。もちろん、新空港の建設は、石垣市や沖縄県全体にとってもさまざまな影響を与えるので、コミュニティの問題に還元できないのは明らかである。それでも、事業主体の沖縄県、さらに石垣市が、白保・宮良集落との地元調整に時間を掛けざるをえなかったのは、負の影響を強く被るコミュニティの理解が必要と考えたからであろう。

新石垣空港問題の場合、新しい空港の必要性については多くの島人が支持していたので、島内のどこに立地すべきなのかという位置問題と、その選定方法の問題に論点を集約できた。宮良案に反対した田原さんも、石垣島に新空港を建設すること自体には賛成していたのだが、そのために優良農地を潰すことは許せないと憤り、反対運動に身を投じた。一方、山里さんの場合はやや複雑で、サンゴの海とともに生きる白保集落の人びとの暮らしを守りたいと思い反対していたが、同時に、新空港建設をきっかけに島の軍事化が進められることも憂慮していたので、新空港の建設それ自体について否定的であった。ただし、山里さんのように考える人の声は大きくならなかった。つまり、空港問題の場合は石垣島の全体と部分が利益相反となっていて、部分であるコミュニティの問題が解決されれば、建設に向けて動き出せる構造だったと言える。

もし、自衛隊配備問題が空港問題と同様にコミュニティスケールに限定できる問題であれば、平得大俣に基地を置くのが適切かどうかを問うことになる。この点について防衛省は、島内に挙げられた7つの候補地を「様々な観点から現地調査を実施し、その結果等を踏まえ」た結果、平得大俣を選定したと回答している[13]。候補地周辺の島人からすれば、このような曖昧な説明

5 章　自衛隊配備問題から考える島の未来の選び方　*115*

では納得できないだろう。しかし、4地区公民館が訴えるのは、平得大俣への自衛隊配備阻止ではなく、これを島の一部の問題とするのではなく、「石垣島全体の問題として、全島民で情報を共有」し、「島のあり方を改めて考える」ことである。石垣島に配備される計画の地対艦ミサイルは、かりに発射させた場合、敵側からすぐに場所が特定されて反撃されるので、車両に搭載して島中を移動しながら攻撃することになる。つまり、「ミサイルの配備場所は島全体」とも言えるので、4地区公民館は自衛隊基地が近隣に建設されることはもちろん、石垣島のどこであれ、基地が配備されることに異議を申し立てている（八重山毎日新聞、2017年8月18日）[14]。

　すでに述べたように、八重山諸島を含む南西諸島の防衛計画は、平素からの「部隊配置」、侵攻阻止に必要な部隊の「機動展開」、島に侵攻された場合の「奪回」の3段階から構成されている。最終段階の「奪回」とは、航空機や艦艇による対地射撃により敵を制圧した後、陸自部隊を上陸させる作戦であるが、四方を海に囲まれて島から人びとが安全に逃げ出すことは困難だろう。ところが、2013年に策定された「石垣市国民保護計画」[15]には、一時避難地から空港や港を経由して沖縄本島、本土へ逃げるイメージが描かれている。少しでも現実的に想像すれば、ほとんど不可能な計画だと思われる。つまり、自衛隊基地の場合、平時における影響は地理的に限定できるかもしれないが、有事においては戦闘状態に巻き込まれるリスクが全島的に高まると考えるべきだろう。したがって、基地配備に反対するならば、NIMBYという姿勢はほとんど無意味であり、NIABY（Not In Any Back Yard）の姿勢をとる必要がある。

　ところが実際は、山里さんが指摘するように、候補地周辺4地区のコミュニティスケールの問題だと限定して捉える島人が多いようだ。候補地は地理的には島の中央部に位置するが、人口は4地区合わせて500人余りで、これは石垣市の人口の約1％である。一方、石垣島の政治経済の中心は四箇字であり、市の人口の約52％が集中している[16]。このような「一極集中」がわざわいして、候補地周辺の「現地」は、四箇字などそれ以外の集落の人びとか

ら心理的に遠くに感じられている。

この「現地」という表現は、反対運動に関わっている人たちがそう呼んでいるのであるが、山里さんはそう口に出して思わず、「現地と言ったら、島全体が現地であるはずだけど」と語った。これは島人の平均的な感覚をもとに、「現地」という言葉を半ば無意識に用いていることを意味している。このことからも、候補地周辺とそれ以外との間にある当事者意識の大きな落差がうかがわれる。

なお、4地区公民館が、この問題は島全体の問題として捉えるべきと主張しているからといって、だから市長や市議会の決定に従うべきと考えるのはおかしい。これら公民館の声は、無名の開拓移民のライフヒストリーに思いをはせつつ、自衛隊配備問題を島民一人ひとりの問題として考えて欲しいと訴えたものである。そのまなざしの深さに真摯に呼応するならば、首長や議員であっても他者の多様な生命や暮らしの意味を易々と代表すべきではない。

また、4地区公民館が強く反対しているからといって、かりにこれらの公民館から同意を得たとしても、それで「地元」と調整できたとは言えまい。自衛隊配備問題の場合、潜在的に「地元」は島全体とも言えるので、これは石垣島全体で受け止めるべき問題であることを、あらためて強調しておきたい。島の未来を大きく占う選択が迫られている中で、決断を急いで、この問題を地理的に候補地周辺のコミュニティスケールに限定していく政治的な力には注意を払う必要がある。

5.2 政治的な争いより深い地域主義

つぎに、空港問題の経験から、政治的な決着こそが重要だと捉えられるかもしれないので、その点について考えたい。たしかに、県知事が西銘から大田に変わったことで白保案は撤回され、大田から稲嶺へ変わったときに宮良案は白紙に戻された。空港問題の場合、事業主体が沖縄県だったので、県知事が誰になるのかは候補地を決める要因として大きかった。自衛隊基地問題の場合も、国の総選挙や石垣市の市長・市議会議員選挙の結果が重要である

ことは間違いないが、すべてを政治的な保革の争いに還元すべきではない。

そのように考えるのは、空港建設に激しく抵抗した人たちのことを想起するからである。山里さんにせよ田原さんにせよ、保守か革新かという政治的な争いよりも深い水位から、地域に根ざした思想をもとに立ち上がった。白保案に対しては革新側が「サンゴを守れ」と抗い、宮良案に対しては「農地を守れ」と抗う構図となったが、ともに地域の暮らしを守るために空港建設を阻止しようと身体を張って闘った。白保の人びとは、サンゴの海とともに昔からある豊かな暮らしを守ろうとした。宮良の人びとは、土地改良した優良農地を守り、将来的な農業発展の希望を託そうとした。両者の抵抗の源には、地域に生活する島人の視点という共通点があった。

空港問題と比較すると、自衛隊配備は島人の生活そして生命が直接影響を受けるリスクの高い問題である。島に自衛隊の基地があれば、抑止力が働いて安全性が高まるとする主張はあるものの、その場合に敵国がどう考えるかは分からないので、それが確実かどうかを論証することはできない。だから、そのような不確かな外部の力に頼るよりも、自分たちの手の届くところで、できるだけ暮らしを守りたいと願うことは自然であるし、特に大事な生命を、あずかり知らない力に預けたくないという心情が働くのは道理であろう。

このような考え方は、玉野井芳郎が提唱した地域主義と重なる。玉野井は1978年に東京大学を退官後、沖縄国際大学教授となり、1979〜80年に八重山地域で開かれた「沖縄シマおこし研究交流会議」に参加した。新石垣空港問題にも関わり、白保集落の地先の海が半農半漁を営む人びとのコモンズ（共同利用の場）であると指摘して、反対運動に理論的な根拠を与えるなど、石垣島と深い関わりを持っていた（玉野井 [1985]1990）。

玉野井は自らの地域主義を「一定地域の住民が、その地域の風土的個性を背景に、その地域の共同体に対して一体感をもち、地域の行政的・経済的自律性と文化的独立性とを追求すること」（玉野井 1977: 7）と定義づけた。これは、政治的なイデオロギーとは異なる次元にあり、人として豊かに生きる基盤となる風土の保全につながる考え方である。

地域主義が重視するのは、地域の自律性である[17]。ここから玉野井は、地域に根ざした平和論を展開する。まず、「国を守るという『大義』のために『地域』に生きる人間が見殺しにされてはならない」と沖縄戦から教訓を引き出す。そして、「かりに自国内に外敵が侵攻してきたときに、これを軍隊が防備し『国を守る』のだといくら叫んでみても、そうした『愛国』や『防衛』の思想には、地域に定住する生活者の視点はない。しかし、生活者の視点を欠いた国はけっして国ではない」と述べて、地域で生活する島人の視点から平和について考える必要性を説いた（玉野井 [1980]1990: 242-243）。

玉野井の平和論が興味深いのは、自衛隊についても鋭い考察を残しているところである。もし自衛隊配備に反対するならば、「地域防衛［防災］をどうするかということを……考えておくことが必要」であり、「それが考えられていないから、本来国レベルのはずの自衛隊が地域にまでやってくる」と、今日の石垣島の状況を予言するようなことを述べている。さらに、「それ［地域の防衛］は自衛隊がやる必要は無くて、地域は地域で警察を増強し、もっと災害専門のものを考える」という解答を用意し、防災や災害救助のために自衛隊が必要とする意見に対し、これを先回りして封じ込める論理を考えていた（玉野井 1982: 270-271）。

石垣島の自衛隊配備について考えるには、このような地域主義に基づく平和論も参考になるだろう。島で持続的に安心して暮らしていくには、どう生活を組み立てていくべきなのか。この問題に向き合うには、保守か革新かという政治的な争いを超えて、生命や生活といった根源的なレベルに降り立って考えることが求められる。そして、どの視点から問題を捉えるのか、さらに何を守るべきなのかを、あらためて考える必要があるだろう。

5.3　グローバルとの共振からナショナルとの接続へ

新石垣空港問題は、1980年代の日本の環境運動を代表する問題であった。「白保」「新石垣空港」は、青秋林道の建設が計画されていた「白神山地」と双璧をなす環境運動のアイコンであった。そして、サンゴ礁の海域を埋め立て

る計画案（白保海上案・カラ岳東案）が撤回されたことから、環境運動が勝利した数少ない事例として記憶されている。

　当時は東西冷戦が終焉に近づく一方で、オゾン層の破壊、熱帯林の減少などの地球環境問題が世界的に注目されるようになり、人びとの関心が「環境」へと向かいつつある時代であった。経済成長を第一に追求してきた社会のあり方に対して、新しい「環境」という価値を社会に定着させようとする人びとの動きが大きなうねりとなっていた。

　空港問題は、白保住民が地先の海を守るためのローカルな運動であったが、これが貴重なサンゴの海を守れというグローバルな価値と接続した。そして、環境保護を求める国内および国際的な世論と共振することで、ローカルな政治だけではなく、ナショナルな政治でも制御できないほど大きくなった。

　こうした経験を踏まえ、反対運動側には、今一度「白保」のような盛り上がりを再現させるために、グローバルな運動と連帯しようとする気持ちがあるかもしれない。ところが、当時とは違って2010年代の今日では、「環境」という言葉に新しい社会を切り拓く力はない。むしろ、震災やテロへの不安といった心性が社会を駆動する要因となっている。だから、賛成側は尖閣諸島の周辺海域でのトラブルや中国・北朝鮮の軍事行動を大きく取り上げ、島人に漠然と広がる不安な感情に訴え、ローカルとナショナルの共振を図ってきた。また、特に2010年の尖閣諸島中国漁船衝突事件以降、地方紙『八重山日報』や「チャンネル桜」など保守系メディアが八重山地域で存在感を示すようになり、この共振効果を増幅させているように思われる[18]。反対運動の戦略として、軍事化に抵抗している世界中の各地域と連帯を強め、グローバルに平和運動を盛り上げていく方法もありえるが、先島諸島内の与那国島、宮古島、石垣島でさえ、各離島の間を移動するにもコストが高く、相互に行き来しながら連携を図るのは難しいのが現実である[19]。

　国境を接する地域住民の間で双方の反感感情がいたずらに高まることは、偶発的な衝突の可能性を高めるので望ましくない。安全保障が国の専権事項というのであれば、自衛隊配備問題を石垣島の島人にだけ押し付けるのでは

なく、多様な生命や生活が脅かされるリスクをどう分かち合うのか、ナショナルスケールで議論すべきであろう。

しかし、沖縄本島の辺野古・高江における米軍基地問題と比較すると、先島諸島への自衛隊配備問題は本土の人に知られていない[20]。また、沖縄本島の人びとからしても、米軍基地と比べると相対的に自衛隊基地は容認されており、配備計画のある島を越えて議論しようという動きは小さい[21]。辺野古新基地に対して強く抗議している翁長雄志沖縄県知事も、県内の自衛隊配備問題には積極的に関与していない。

これには地理的な要因もある。すでに与那国島には自衛隊が配備され、奄美大島、宮古島、石垣島にも順次配備される計画だが、それぞれの離島に住む島人は移動するにもコストが高く、相互に行き来しながら連帯を強めることが難しい現実がある。

さかのぼって、白保案への反対運動はローカルとグローバルの力が共振し、宮良案への反対運動はローカルに閉じることで団結力を高めた。それでは、石垣島における自衛隊配備問題では、ローカルスケールとほかのスケールの政治をどう接続させるのか。どのようにすれば、国民全体で議論できるのかを考える必要があるだろう。

6.当事者として選ぶ島の未来

最後に、前節の論点整理を踏まえ、自衛隊配備問題の考え方についてまとめてみよう。

この問題は、まず候補地周辺のみが「標的の島」としてのリスクを抱えるわけではないので、コミュニティスケールの問題として捉えるのではなく、石垣島全体で考える必要がある。実際は、「現地」の問題として地理的に限定して考えられがちなので、そのように問題のスケールを狭め、決断を急ごうとする動きは諌めるべきである。石垣島の未来を大きく左右する問題であるのだから、島人の関心を高めて、議論の輪をできるだけ広げるように促す

5章　自衛隊配備問題から考える島の未来の選び方　*121*

ことが求められる。

　つぎに、持続的に安心して島に暮らしていくには、島に住む生活者の視点から、何を守っていくのかを主体的に考えるべきだろう。もちろん、南西諸島防衛計画に基づき、自衛隊を配備するという選択はありうるが、そうした国家による計画とは別に、島人が自律的に考えることは大事なはずである。その際には、玉野井芳郎が提唱した地域主義、さらにその考え方に基づく平和論は参考になるだろう。

　もし、住民の視点から島人自らが考える試みを放棄してしまったら、石垣島は地政学的な観点から軍事要塞の適地として定位されるのを免れない。これまで島に生きた一人ひとりの生命に感謝し、これからの島に生きる人びとの多様な生き方を想像し、未来の島のあり方に本気で思いをめぐらせるのは、石垣島に住む島人にしかできないことである。これは保守か革新かという政治的な争いよりも深いレベルで、多くの島人が一緒になって考えられることだろう。

　自衛隊配備に反対する「止める会」は、基地ができると石垣島の観光業が落ち込むと予想して、基地と観光のどちらを選ぶのかと問いかけている。白保でも宮良・三川でも、空港建設に反対して守ろうとしたもの、そして今でも守り続けようとしているものとは、言葉、民俗文化、風景、一次産業といった島の基盤である。それこそが、石垣島にしかない観光資源でもあることを思えば、観光の側に立つことは地域を保守することにつながる。

　一方、自衛隊配備に賛成する人びとも、島を守りたいという思いは共通している。敵からの侵略が心配だから、身を守るために軍事力を高めようと考えている。そのとき、何を守ろうとしているのだろうか。領土を守ることなのか、それとも反対する人びとと同様に島人を育む基盤なのだろうか。

　自衛隊配備については、賛成／反対のどちらが正しいという結論は導き出せない。石垣島は国境に近く、軍事的には最前線にあるのだから、自衛隊の配備には抑止力を高める可能性とともに、標的となるリスクも伴うと考える必要がある。すでに計画は粛々と進められており、国家が求めるように日本

防衛の防人となるという以外の道は狭められている。この状況で、大きな趨勢に物事の決定を委ねるのか、あくまでも自ら考えて島の未来を選ぼうとするのか。その判断は、まず、第一の当事者である石垣島の人びとの前に開かれている。

石垣島の社会は、「1km圏内にイトコからハトコまでひしめき合って住んでいる」と比喩的に言われる「顔見知り社会」で、地縁・血縁、職場のしがらみが絡み合って、「あばたもえくぼも受忍して生きていかざるをえない」[22]。このため、一人ひとりが自らの意思を表明し、行動に移すことが難しいという。しかし、そういう島社会であっても、自衛隊配備問題は他人事にして済ますわけにはいかない。地政学的な思考よりも深い島人の経験的な世界から、当事者として自律的に考えるべき問題であろう[23]。

ただ、石垣島に自衛隊を配備するかどうかは、日本の安全保障上重要な問題であり、島人以外の国民もまた、この問題を無視することはできないはずである。したがって、島外の人びともまた当事者として考えなくてはいけない。

その際、石垣島への自衛隊配備を仮定したときに、島外に住む人びとは標的となるリスクが少ないはずなので、この点に関しては、島人よりも相対的に安全な位置にいると言えよう。もし、多くの国民が自分も当事者であると認識しつつ、離島に住む少数の人びとに高いリスクを押し付けても構わないと考えるならば、原子力発電所の立地問題に似た権力構造が現れてくる。さらに重ねて、国境近くに位置するという地理的条件から、石垣島の人びとがリスクを引き受けるのは仕方がない考えるとき、島人のかけがえのない生命や生活は視野の外に置かれる。

だからといって、適当な解決策を見つけることはできない。同じ国民国家に所属する者同士として、できるだけ公平であろうとすること。そのためには、島人の多様な生に寄り添って考えることくらいしか考えつかない。

それでも、このことは最後に確認しておきたい。石垣島に暮らす人びとが、島の未来を選ぶ当事者であるのはもちろんだが、島外の人びともまた、石垣

5 章　自衛隊配備問題から考える島の未来の選び方　*123*

島の未来を選ぶ当事者である。

注

1　安全保障は国の「専管事項」と言われる。これは、国際社会において国家を代表するのは政府であり、政府のみが軍事力を正当に行使できるからであって、この言葉の具体的な意味については明瞭には定義づけできない。国家の安全保障政策によって、地域住民の安全な暮らしが脅かされることもあり得るし、その時の行政機関である地方自治体と政府の関係については、議論すべき点が多い（池尾 2012）。しかし、近年は国家政策を推進する側が、安全保障は国の「専権事項」と述べることが多く、語感の響きからも、自治体の力を弱めようとしているように思われる。

2　反対派による住民投票という戦略は、かりに自衛隊配備に賛成する票が過半数を占めた場合には最終決着を意味して、それ以上は何も言えない雰囲気を招くだろう。与那国島では、2015年2月の住民投票の結果、賛成票が過半数を獲得し、政府の方針と誘致派の市長が支持され、2016年3月に陸上自衛隊の沿岸監視部隊が配備された。

3　詳細な計画が明らかにならないと議論できないこともあるが、不明なことを想像力で補って質問しても、「仮定の話には答えられない」と回答され、論点にすらならない。

4　http://www.city.ishigaki.okinawa.jp/500000/500100/img/pdf/428_6k_g24_K.pdf　2018年2月1日最終閲覧

5　平成26年度『防衛白書』http://www.clearing.mod.go.jp/hakusho_data/2014/html/nc005000.html　2018年2月1日最終閲覧

6　自衛隊誘致に傾く以前の与那国島における自立構想をめぐる政治については、佐道（2014）に詳しい。

7　入域観光客数のデータを見ると、1989年は約30万人だったのが堅調に増加し、1999年に初めて60万人台に乗り、2002〜2012年は60〜70万人台で推移していた。それが、2013年に90万人台、2014年には110万人台となり、新空港開港以降、急激に増加した。

8　社会学者の熊本博之は、地方自治法第1条の2をもとに、普天間基地の辺野古移設問題をめぐる国と沖縄県の対立を分析している。その中で、住民の生活や健康を守るために辺野古移設に反対するという県知事の訴えは、外交や防衛など国家存立にかかわる事務は国の専管事項であるからと無化されている構造が説明されている（熊本 2017）。むろん、沖縄県側からすれば、この状況は地方自治権の侵害となるが、その法解釈の是非はともかく、双方の

主張が対立し、国の主張が通る政治状況であることを認識しておきたい。

9 元防衛官僚の柳澤協二は、米中両大国間の狭間にあって「力の空白」とならない拒否力を備えつつ、それが同時に、強硬な外交・防衛姿勢を誇示し過ぎて「紛争の契機」を作ることがないような思慮深い防衛構想を求めている（柳澤 2015）。

10 八重山毎日新聞、2015年8月28日

11 賛成派も積極的な誘致派から消極的な容認まで多様性があるはずだが、表立って誘致しようとする人以外は国の計画に従い、あえて声を上げる必要がないので、多様な考えが見えてこない。

12 2017年1月に「市民連絡会」が開催した市民大集会「これでいいのか？ミサイル基地受け入れ～住民無視の市政をみんなで考えよう！」では、候補地周辺の4地区公民館、「止める会」、労働組合のほか、高校生、若者、戦争体験者、市議・県議らが意見を表明したほか、島の神事の再現、ギターの弾き語り、ハワイアンダンスなど、それぞれの表現方法でパフォーマンスを演じた。閉会直前、800人（主催者発表）の参加者がプラカードを掲げ、ロック調の音楽に合わせてシュプレヒコールを発した。しかし、アップテンポのリズムに戸惑い、声を挙げるタイミングがつかめない高齢の参加者が目立っていた。閉会時には、島の集会らしく三線に合わせてミルク節が歌われ、銅鑼が鳴り響き、参加者たちは三々五々に会場を後にしたが、山里さんは、なぜ島には自分たちの言葉や歌があるのに、洋風の音楽に合わせて気勢を揚げられようかと嘆いた。

13 沖縄防衛局「石垣島住民説明会（石垣島への陸上自衛隊配置について）～事前質問に対する回答」（http://www.mod.go.jp/rdb/okinawa/07oshirase/kikaku/kikakubu-info/280610IshigakiJizenshitumonkaitou.pdf　2018年2月1日最終閲覧）

14 4地区公民館長の連名による投書「豊かな農村から明るい石垣島を！」には、この地域が戦前戦後に移住した住民が大半を占める農村地区であり、先人の「血と汗と涙で創られた農地」を移住2世が安定させ、先人が夢見た「豊かな農村」が実現したというときに、自衛隊基地の最終候補地が決定した事実を新聞報道で突然知らされたことも書かれている。

15 http://www.city.ishigaki.okinawa.jp/home/soumubu/bousai/　2018年2月1日最終閲覧

16 2016年3月末の字・小字別人口データによると、四箇字の石垣3,847人、登野城9,141人、大川3,537人、新川8,618人に対して、候補地周辺の4地区は開南86人、於茂登60人、嵩田142人、川原247人であった。

17 自衛隊配備によって懸念されることは「標的の島」になるリスクだけではな

い。地政学的思考に基づく国の計画を迷惑料と引き換えに受け入れると、島人たちが自分たちで考え、工夫して生きる意味が失われ、島の自律性、地域の自治力が低下すると心配する声がある。実際、先に陸上自衛隊が配備された与那国島では、すでにそうした傾向が現れていると、2017年8月29日〜30日に訪れた際に複数の島人から聞いた。

18　これに関連して、国境地帯に位置する八重山諸島が安全保障に関連する語彙で近年語られている傾向に注目し、これを安全保障化という観点から捉え、与那国島の自衛隊基地誘致問題と八重山地区の教科書採択問題を取り上げている研究がある（樋口・松谷 2017）。

19　2017年8月29日、南西諸島ピースネット共同代表の猪股哲さんへの聞き取り調査による。

20　日米関係の密約に詳しい矢部宏治は、「指揮権密約」の存在から、戦争状態になれば自衛隊は米軍の指揮下に入ると指摘している（矢部 2016）。この見方によれば、自衛隊も在日米軍と機能的には同等とみなせることになる。

21　2012年にNHKが沖縄県民を対象に実施した調査によると、米軍基地については「必要」+「やむをえない」56%、「必要でない」+「かえって危険」38%であった。1992年調査では、それぞれ35%と50%、2002年調査では、それぞれ47%と44%だったので、日本を取り巻く安全保障環境の変化に対応して容認する県民の割合が増加してきた。一方、自衛隊については、2012年調査で「必要」+「やむをえない」83%、「必要でない」+「かえって危険」13%であり、多くの県民から容認されている。1992年調査では、それぞれ56%と27%、2002年調査では、それぞれ67%と23%だったので、こちらも米軍基地と必要性を感じる割合が増えている。特に、「必要」と回答する割合が、2002年から2012年にかけて19%から30%と大きく増えている。これは、2011年の東日本大震災における自衛隊の活躍が影響していると考えられる（河野 2013）。

22　2017年9月2日、山里節子さんへの聞き取り調査による。

23　2018年3月11日、任期満了に伴う石垣市長選挙が投開票され、現職の中山義隆氏が3選を果たした。

参考文献

長谷川均, 2016,「米占領下の石垣島におけるヘレン・フォスターの地質調査——フィールド・アシスタント山里節子さんに聞く」『地理』61(5): 52-59.

樋口直人・松谷満, 2017,「『国境』の活用——八重山地区の安全保障化をめぐる紛争」『立命館言語文化研究』28(4): 165-181.

「標的の島」編集委員会, 2017,『標的の島──自衛隊配備を拒む先島・奄美の島人』社会批評社.

伊波洋一, 2015,「一体化する自衛隊と米軍──島じまの「戦場化」をはねかえそう」『けーし風』88: 16-31.

池尾靖志, 2012,『自治体の平和力』岩波書店.

石原俊, 2013a,「島と海の想像力──地政学を超える系譜学へ 島嶼論」『現代思想』41(1): 228-232.

─────, 2013b,『<群島>の歴史社会学──小笠原諸島・硫黄島、日本・アメリカ、そして太平洋世界 (現代社会学ライブラリー 12)』弘文堂.

金城朝夫, 1988,『ドキュメント八重山開拓移民』あ～まん企画.

小西誠, 2016,『オキナワ島嶼戦争──自衛隊の海峡封鎖作戦』社会批評社.

河野啓, 2013,「本土復帰後40年間の沖縄県民意識」『NHK放送文化研究所年報』57: 87-141.

熊本博之, 2017,「政治が沖縄にもたらしたもの──普天間基地移設問題を事例に」『社会学評論』67(4): 432-447.

空港問題を考える市民の会編, 1986,『新石垣空港問題資料集成 (別冊) 新空港建設計画をめぐる「声」』.

三木健, 2010,『「八重山合衆国」の系譜』南山舎.

Mochizuki, Mike, 2015,「米国の安全保障戦略とアジア太平洋地域へのリバランス」遠藤誠治編『シリーズ日本の安全保障 2 日米安保と自衛隊』岩波書店, 111-141.

Navarro, Peter, 2015, Crouching Tiger: What China's Militarism Means for the World, Prometheus Books. (=2016, 赤根洋子訳『米中もし戦わば──戦争の地政学』文藝春秋.)

中山義隆, 2012,『中国が耳をふさぐ尖閣諸島の不都合な真実──石垣市長が綴る日本外交の在るべき姿』ワニブックス.

沖縄タイムス「尖閣」取材班編, 2014,『波よ鎮まれ──尖閣への視座』旬報社.

大田静男, 1996,『シリーズ八重山に立つ 1 八重山の戦争』南山舎.

─────, 2012,『とぅばらーまの世界』南山舎.

佐道明広, 2014,『沖縄現代政治史──「自立」をめぐる攻防』吉田書店.

新藤健一, 1993,『見えない戦争──あなたの隣の「危険」と軍事』情報センター出版局.

鈴木基史・岡田章編, 2013,『国際紛争と協調のゲーム』有斐閣.

玉野井芳郎, 1977,『地域分権の思想』東洋経済新報社.

─────, 1980,「地域主義と平和──日本・南と北」『エコノミスト』58(48): 68-71, 新評論. (1990,『玉野井芳郎著作集第3巻 地域主義からの出発』学陽書房, 239-247.)

─────, 1982a,『地域からの思索』沖縄タイムス社.

―――, 1985,「コモンズとしての海――沖縄における入浜権の根拠」『南島文化研究所所報』27.(1990,『玉野井芳郎著作集第3巻 地域主義からの出発』学陽書房, 231-238.)

上地義男, 2013,『新石垣空港物語――八重山郡民30年余の苦悩と闘いの軌跡』八重山毎日新聞社.

矢部宏治, 2016,『日本はなぜ、「戦争ができる国」になったのか』集英社インターナショナル.

柳澤協二, 2015,「抑止力と紛争回避・危機管理」遠藤誠治編『シリーズ日本の安全保障2 日米安保と自衛隊』岩波書店, 235-269.

山崎孝史, 2005,「グローバルあるいはローカルなスケールと政治」水内敏雄編『シリーズ人文地理学4 空間の政治地理』朝倉書店, 24-44.

山里節子, 1980,「八重山の工芸運動」『地域開発』: 21-23.

6章　島人と移住者の「ちむぐくる」
——東日本大震災被災・避難者支援のコミュニティ

関　礼子・廣本　由香

1.地域による問題の咀嚼

　歴史の縦軸でみると、石垣は多様なルーツを持つ人々による重層的な社会である。同時に、現在という横軸の断面には、生まれたときから現在まで石垣という生粋の島人、沖縄本島や内地からUターンしてきた石垣出身者、Iターンの移住者（主として沖縄県外から来たナイチャー）、人生の一時期を石垣で過ごす長期常在者と、さまざまな人生が息づいている。

　東日本大震災発生後、ここに一時滞在者や移住者として新たに加わったのが被災・避難者（以下、避難者）であった。被災地から最も遠い地方都市を目指してやってきた避難者には、行政の支援を受けられる「制度化された避難者」と、支援の埒外に置かれる「自主避難者」がいた。石垣では、行政の支援から漏れた「自主避難者」の生活支援を目的に、民間の支援ネットワーク「東日本大震災・福島原発事故被災者、避難者支援ネットワーク石垣島『ちむぐくる』」（以下、「ちむぐくる」）[1]が結成された。

　「ちむぐくる」のネットワークの特徴は、官民が手を組み、保革の違いにかかわらず地元石垣の人々と移住者とが協働し、島ぐるみで支援活動を展開したことにある（江上2013）。それは、石垣という地域の文脈で避難者支援というシングルイッシューを咀嚼し、石垣という地域のスタイルで活動を展開することで生まれた特徴である。したがって、「ちむぐくる」の活動が地域にある資源を動員したというのではなく、むしろ地域の人々が「ちむぐくる」の活動を資源化しながら、新たな経験を地域社会の中で生成したと見ること

ができる。

　本章は、はじめに沖縄県全体の被災・避難者受け入れ動向を確認し（2節）、石垣での「ちむぐくる」の特徴や活動内容を振り返る（3節）。また、主に移住者から始まった支援の動きが、石垣の社会的文脈のなかでいかに咀嚼され、展開されていったのかを、実際に運動にかかわった人々の視点から考察していく（4節）。そのうえで、東日本大震災の被災・避難者支援活動のなかでみえる、石垣社会の相貌について論じる（5節）[2]。

2.沖縄県での被災・避難者受け入れ

　観光が持つ特徴のひとつは、平和でなければ成り立たない産業だという点にある（関2012）。平和であるというのは、戦争がないというだけでなく、テロや災害のない、国内的にも国際的にも、経済的にも社会的にも安定した状況で繁栄する産業であるということである。沖縄は、それを肌で感じてきただろう地域である。

　米軍基地が集中する沖縄では、1990年の湾岸戦争で入域観光客数が落ち込み、2001年の9.11アメリカ同時多発テロでは修学旅行を中心にキャンセルが相次いだ（内閣府政策統括官2002:153-156）。その回復のために、「大丈夫さあ〜沖縄」キャンペーンが展開された。

　災害も社会全般に不安をもたらし、観光にマイナスに作用する。2004年に発生した新潟県中越地震に際し、沖縄ではこのマイナスを被災者支援に振り向ける試みがなされた[3]。沖縄県や沖縄観光コンベンションビューロー、沖縄県ホテル旅館生活衛生同業組合などが連携し、事業予算1400万円で高齢被災者の静養・心身リフレッシュのための受け入れ事業を2005年に実施したのである（琉球新報、2005年1月14日）。

　東日本大震災では、ホテル、旅館、民宿など観光宿泊施設が直接の避難者受け入れ施設として、また学校や体育館などの生活環境の整わない避難所からの二次避難所として利用され[4]、有事の際の観光産業の役割が広く認知さ

れた。

　沖縄県でも、2011年3月18日には仲井真弘多知事（当時）が、「東北地方太平洋沖地震被災者の受入方針」（以下、沖縄県受入方針）[5]を示し、「今こそ長い歴史の中で培われた県民の友愛・相互扶助の精神、チムグクルを発揮する機会である」と企業や関係団体の協力をあおいだ。

　この方針に則って、県単独事業として、4〜6月に沖縄県に一時的に緊急避難する人への旅費・宿泊費の支援、以後の中長期的な避難者への住宅支援と付随する旅費・宿泊日の支援、その他被災地の子供や高齢者を招待する交流事業などを行った。

　3月25日に110団体で発足した「東日本大震災支援協力会議」（以下、県民会議）は、県の支援施策を推進するとともに、避難者受け入れ支援の案内・情報発信、「ニライカード」「カナイカード」発行、県民一体での取り組みのための意識醸成、支援金の募集、被災者支援活動助成事業など、支援活動に取り組んだ。

　県民会議の支援活動の特徴は、第一に短期間で全県的な組織が設立されたこと、第二に県民全体で支援する仕組みだったこと、第三に避難生活に直接的に寄与する支援が行われたことにある。なかでも、「ニライカード」「カナ

表6-1　2011年度の避難者支援「ニライカード」・「カナイカード」発行状況

区分	ニライカード		カナイカード		計算	
	世帯数	人数	世帯数	人数	世帯数	人数
岩手県	7	9	11	19	18	28
宮城県	92	172	72	150	164	322
福島県	392	1201	2	4	394	1205
青森県	1	2	2	5	3	7
茨城県	5	8	51	119	56	127
栃木県	0	0	19	40	19	40
千葉県	4	10	16	32	20	42
計	501	1402	173	369	674	1771

出典：沖縄県資料「これまでの被災者支援の取組等について　平成25年2月　東日本大震災支援協力会議」による。

イカード」による参加企業の支援サービスは注目に値する。県内主要スーパーや飲食店の割引、観光・宿泊施設の割引、交通費の無料・割引、医療費自己負担分の免除・割引などのサービス提供が受けられる有用性の高いカードで、直接的に避難生活を支えるものだったからである[6]。

「ニライカード」は、東日本大震災にかかる災害救助法が適用された6県（青森県・岩手県・宮城県・茨城県・栃木県・千葉県）で住宅が半壊または全壊してり災証明書を有する人と、地震発生時に福島県に居住していた人を対象にしている。「カナイカード」は、ニライカード対象者以外で、災害救助法が適用された6県の市町村より沖縄県内に避難している人が対象である[7]。2011年度のカード所持者は、**表6-1**のように福島県が最も多く、宮城県、茨城県と続く。これらカードの発行対象者が、行政が支援する「制度化された避難者」である。

行政や事業者が一体になって避難者を生活レベルで支援するスキームをつくりあげた沖縄県であったが、他方で、関東圏などから「制度外避難者」である自主避難者には対応が追いついていなかった。支援の対象にならない自主避難者は、個々の「出会い」を通した民間の支援や受け入れ市町村の支援に頼りながら避難を続けた。以下で論じていく「ちむぐくる」の支援活動も、その一例である。

3.「ちむぐくる」の結成と支援活動

3.1 官民の境を超えたネットワーク

石垣市は、沖縄県受入方針が示された3月18日に、被災就学児童の受け入れを発表した。県立石垣青少年の家で小中学生を受け入れ、就学支援を行うというものであった。だが、実態は想定とは大きくズレていた。未就学児を連れた家族単位での避難者が目立ち、しかも沖縄県の支援の対象にならない自主避難者が多く含まれていたからである。こうした現実に対応するために、官民の境を超えてつくられたのが「ちむぐくる」である。はじめに、「ち

6章 島人と移住者の「ちむぐくる」 *133*

むぐくる」結成に至る経緯をみておこう。

　福島第一原発で水素爆発があった12日夜、乳幼児を連れた20代夫婦と30代の夫婦の2家族が、福島市から車で自主避難し、関西空港から那覇空港を経由して17日に「放射能の影響が小さそうな」(沖縄タイムス、2011年4月4日)[8]石垣に避難した。「その日は素泊まり民宿で1泊。翌日、住居の件で相談に訪れた市役所でたまたま原発に関心の高い市民と知り合い、部屋を提供して」もらって避難を続けていた(八重山毎日新聞、2011年3月29日)。

　この2家族との接触を通して、「島の未来を考える島民会議」(以下、島民会議)が動いた。「沖縄の基地問題と同じ構造」[9]を持つ原発事故避難者を助けたいと思った人、「ただ純粋に一番安全だと思って石垣を選んでくれた避難者をサポートしたい」と思った人と、動機はさまざまだった[10]。「テント張って(避難して)いる人もいる」という切羽詰まった状況も、支援への大きな動機付けになった[11]。

　島民会議は3月28日に避難家族とともに市役所を訪れ、①被災児童生徒に限定しない家族単位での避難者の受け入れ、②受け入れ可能な人数の公表、③現時点で避難している人数の公表、④今後、避難者に提供できる宿泊施設の戸数や空室数の公表、⑤提供可能な空室、空き家、民宿等を市民に呼びかけ、避難者にインターネットなどで情報を伝えることを要請した[12](八重山毎日新聞、2011年4月7日)。

　さらに4月25日、島民会議は、「自主避難者の受け入れは行政として難しいところがあるかもしれないが、民間にできることがある。市民の協力したいという気持ちを具現化してほしい」と避難者支援のネットワークづくりを要請した。市は「自主避難者を支援するメニューは用意していないが、市民の力を借りてサポートできるようなネットワークができないか取り組みたい」と、市民ボランティアとの話し合いの場を設けることを約束した(八重山毎日新聞、2011年4月26日)。

　石垣市被災地支援対策本部事務局の呼びかけで、5月2日、10日、18日と3回の意見交換会が開催された。そこで、「被災証明のない自主避難者に対

して、国や地方自治体が公的な援助を組みにくいという厳しい現実」があるため[13]、自主避難者については市民のネットワークが支援し、行政が連携・協力することが確認された。支援組織づくりのために世話人会が立ち上がり、7月3日に「全県的にも例のない行政と市民が協働する被災者・避難者支援組織」[14]として「ちむぐくる」が発足した。世話人の前大用裕は、「ちむぐくる」発足にあたって、以下のような文章を『八重山毎日新聞』(2011年6月30日)に寄せている。

　　数十人以上の皆さんが東北、関東から石垣島に避難してきています。私たちは被災地・避難地からはるばる沖縄石垣島の地へ避難した皆さんが、心と体を癒やし、故郷に戻ることができることを願っています。避難をしてきた皆さまの生活はきびしいものがあります。母子で避難をした場合は2重生活となり生活費負担が重くのしかかります。
　　家族で避難をしてきた場合は「仕事」を見つけなければなりません。避難者の皆さんが「去るも地獄、残るも地獄」あるいは「難民」状態にならないようにできるだけの支援をしたいものです。

　制度的に認められた被災・避難者と、それ以外の自主避難者という行政上の区別は、直接に避難者を受け入れる地域にとって悩ましい問題であった。支援からこぼれてしまう自主避難者に対してどのように対応するかといったときに、石垣では官民を越えたネットワークで支援を試みたのである。

3.2　多様性のネットワーク

3.2.1　島民会議

　「ちむぐくる」が結成されるにあたり、ネットワークに多様性を埋め込む役割を果たした島民会議は、どのような来歴を持つのか。
　島民会議結成のきっかけは、ナイチャーと呼ばれる本土からの移住者や、石垣からいったん進学・就職で外に出て戻ってきたUターン者たちが、

2007年6月に開催した「緊急 島の未来シンポジウム〜どうする！島の景観・自然、どうなる！島人の心と文化〜」(以下、シンポジウム)にある。

　この時期の石垣では、各地で乱開発が問題になっていた。米原地区リゾートホテル建設反対運動や吉原地区の高層マンション建設反対運動などが起こっていた。担い手は主として移住ブームで移り住んだ移住者であった。こうした反対運動に対し、島人の関与はほとんどなかった。そこに問題を感じたのがUターンしてきた新垣重雄だった[15]。

　石垣の島づくり運動のなかで、Uターン者が果たしてきた役割は大きい。復帰前後の土地買占めに抗う運動(宇根1981)、新石垣空港建設反対運動と、Uターン者はそれぞれの時期に「よそ者」(鬼頭1996)の目で石垣の未来を考え、行動してきた。そして、シンポジウムでは、新垣が移住者と島人をつなぎ、乱開発を阻止して自然を守ることがシマの誇りを守ることだというメッセージを発していくことになる。

　新垣に照準をあててシンポジウムの意味を掘り下げてみよう。新垣は1966年に高校を卒業して代用教員となり、波照間で教鞭をとったのち、1970年に上京してアルバイトをしながら大学で学んだ。当時は、ちょうど公害が社会問題化した時期で、宇井純が公開自主講座「公害原論」を開講していた。1970年に始まり1985年まで続いた「公害原論」は、各地の反公害・反開発運動に大きな影響を与えていた。新垣も「公害原論」に触れながら、東京八重山郷友会連合で本土資本による石垣の土地買占め反対運動にかかわった。同じ時期の東京には、『八重山近代民衆史』(1980)や『西表炭坑概史』(1983)をはじめ数々の著作を上梓した、石垣出身の三木健が琉球新報の記者として赴任していた。

　その後、那覇で会社を経営したり、東京で議員秘書として政治の世界に携わったりした新垣は、2005年に石垣に戻ってきた。石垣では本土からの移住者が島の自然や景観を壊す乱開発に反対していたが、島人はほとんど運動にかかわっていなかった。反対運動は島の運動にはなっていなかったのである。

その原因のひとつに、移住者と島人との間で表出していた「対立」があった。2000年代の沖縄移住ブームでは、住宅の建設ラッシュで沖縄の自然や文化の危機が叫ばれた。沖縄のリズムや文化になじめない移住者や、住民票を移さない「幽霊市民」が島人のひんしゅくをかった。石垣も例外ではなく、「ナイチャーがやったのは、観光地をつくるための土地買占め。儲からなければ、土地を荒らしたまま帰っていく」という批判があり、「ナイチャー、みんな帰れ！」という声が聞かれていた[16]。

　だが、移住者に対する新垣の見立ては少し違った。

　　移住の人は、良質な人が来ていたんですね。ここはもともと外部の人の力をうまく借りて発展してきた土地なので、島の人たちに関心を持ってもらう仕掛けをしたわけ。面白い実験というか、島の人はあまり首、突っ込まないが、自分は東京も那覇も知っているということで関わったわけです。

　こうした新垣の発言は、移住者の存在を二つの意味で石垣に文脈づけて咀嚼するものである。それは第一に、移民を受け入れながら地域社会を生成してきたという石垣の歴史的経緯にかんがみると、移住者であるナイチャーの＜力＝運動＞を石垣の島づくり、地域づくりに活かしていくことが理にかなっているということである。第二に、「八重山ビジュルー」という言葉があるように、移住者に対して石垣の人はそっけない、冷たいと言われるが、それは他者を助けないということではなく、適度な距離を置いているということである。異質性を排除して同質的な社会をつくるのではなく、距離を置くことで異質性を許容してきたのが石垣の社会なのである。

　そうであるからこそ、新垣の関心は移住者と島人を結びつけることに向けられた。移住者の反対運動は石垣の乱開発を食い止めるものである。他方で、石垣市も2007年に景観法に基づく「石垣市風景計画」と「石垣市風景づくり条例」を制定したところだった。条例の前文は、「太陽と海の楽園」の、「文

6章　島人と移住者の「ちむぐくる」　*137*

化や歴史、伝統にも彩られた」風景は、「何人といえども占有し、支配しては
ならない市民共有のかけがえのない財産」であるとうたっており、乱開発
は好ましいものではい。移住者も島人も同じ方向を向いている。それを確認
し、つながりあうような場として、新垣はシンポジウムを企画した（**資料**）。

　2007年6月に開催されたシンポジウムは、石垣ケーブルテレビ、沖縄タ
イムス社、八重山日報社、八重山毎日新聞社、琉球新報社の後援を得て開催
された。東京時代に交流があった三木健（元琉球新報副社長）のコーディネー
トのもと、大濱長照石垣市長（当時）をはじめ、石垣の観光や農業など各界を
リードする人物をパネリストに招き、島の現状と未来を語るものになった。

　成功裡に終わったシンポジウムの後で、シンポジウムの実行委員会を発展
的に解消し、島人とナイチャーという対立的なカテゴリーを超えて、「市民
を網ら」して（八重山毎日新聞、2007年7月22日）[17]形成されたのが島民会議で
あった。

資料　シンポジウムチラシの案内文

　いわゆる「八重山ブーム」で観光客や移住者が増え続ける石垣島。こ
の動きに反応した島外大資本のホテル建設や住宅開発はミニバブルと
もいわれる状況です。かつては島の秩序により守られてきた自然環境
や景観、先人たちの遺跡、地域生活や精神文化の中心である御嶽の周
辺なども、利益優先の論理によって開発の危機にさらされています。
そのような中で私たち島人のくらしも否応なく変わろうとしています。

　米原地区は、大型リゾート問題で大揺れです。国立公園に指定され
る桴海於茂登岳と海中公園に指定されるサンゴの海が分断されるとい
う大規模開発計画が進められています。

　元名蔵では既成集落の10倍にも匹敵する規模の分譲住宅建設問題が
急浮上。古い遺跡を壊し、ラムサール条約に登録された豊かな生態系
をもつアンパルの湿地や地形を無視した大規模開発計画です。

　山原地区では高層マンション建設問題が持ち上がっています。かつ

て緑の山なみの眺望を誇った山原、日本百景の川平湾からの眺めを台無しにしてしまう建設計画です。

さらに、南大浜、真栄里地区では建設ラッシュが続き、真栄里では人口が本土復帰時の13倍に膨れ上がるという状況です。

もし、こうした無秩序の大規模開発が今後も続くのであれば、私たちの島の将来に重大な危機が訪れるといっても言い過ぎではないでしょう。

私たちの生活や文化は島の気候、風土のもと長い年月を経て築かれてきました。この島の自然豊かな生活や伝統文化を守るために、今、私たちは何をすべきでしょうか。「島の発展」とか「地域の活性化」のかけ声で開発行為が行われていますが、その裏で失われてしまう「島の宝」が無数にあるのではないでしょうか。

かつての列島改造論やリゾートブームで都会はもとより全国各地で暮らしの土台ともいうべきまちなみや自然が失なわれ、そこに住む人々の心は荒廃してしまったように思います。自然を壊すことは、すなわち、わたしたちの心を壊すことにほかなりません。

この度、このように急速に変わってゆく島の現状を目の当たりにし、私たち、組織をもたない市民が発起人となってよりよい島の将来像を描くために、緊急にシンポジウムを開催いたします。まちづくり、島づくり、島の将来を語る主人公は私たち住民です。ともに語り合い、主体的に行動することが、今、もとめられています。自然環境やふるさとの風景、持続可能かつ健全な観光業とこれまで島の経済を支えてきた第一次産業とのバランスや可能性等を念頭において議論を重ねたいと存じます。この手づくりのシンポジウムを「島人が主体となった島の将来を描く」第一歩にしたいと思います。

3.2.2 二重構造のネットワーク

　新垣は島民会議の共同代表として、東日本大震災の避難者支援ネットワークの結成にかかわった。石垣市との意見交換会では、当初、市役所に事務所をおくネットワークをイメージしていたが、市側がこれに難色を示したことから、「世話人会」をつくってネットワークを立ち上げる案が出てきた。参加者に世話人を募ったところ、手をあげた7〜8人は移住者で、1名を除きナイチャーばかりだった。こうした状況に、新垣は「新住民だけではまずいのではないか」と世話人会に加わった。島民が加われない、加わらないネットワークには限界があると考えたからである。

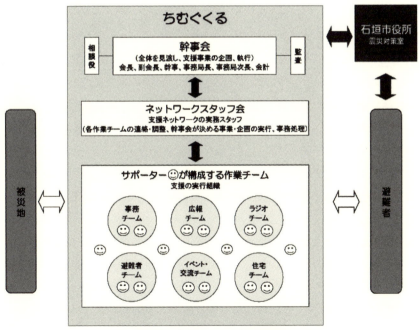

図6-1　「ちむぐくる」の組織図

出典：「ちむぐくる かわら版」№1（2011年8月23日）による

島の人間が傍観しているわけではない。悠々自適でやっている新住民と島の人は違うんです。ハードルの高いものにすれば、誰も参加できない。島の人間が参加できるようにしなくてはならないわけで、そういう体制を引き出していくことに腐心しました。島の人が参加できるというのは、オープンなかたちであるということです。実際に（「ちむぐくる」が）行ってきたように、バッジを買ってもらうとか、バザーを出すとか、八重山毎日（新聞）に「ちむぐくる」の意見を発信するとか。もちろん、似たようなアイディアはスタッフ会議からも出ましたが、道具はみんな地元のものなんです。

支援のための住宅も、支援を呼びかけるメディアも、地域を動かす政治や人間関係も、地元石垣の資源である。石垣社会を動かしていくネットワークの結節点になるような人が参加しなければ、息の長い支援はできない。そこで新垣は、「ちむぐくる」の組織を二重構造にすることを提案した。島の経済界から会長や役員として幹事会に加わってもらい、運営はスタッフであるサポーターが行うというものである（**図6-1**）。

（設立準備の）活動が始まると、ハイレベルなんですね。次から次へとやることが出てきて、（シマの人間には）冠婚葬祭もあるし、仕事もあるし、ギブアップなんです。トーンを落として、幅広くやろう。でも動いている人も無視できない。二段づくりの組織にしようと。

こうして、島人とUターン者、移住者という島の多様性をつなぎ、保革の対峙構造を超えたネットワークとして、7月3日に「ちむぐくる」が結成された。結成総会後の交流パーティには、避難者10組と住民120名が参加した。
　以後、「ちむぐくる」は、自主避難者の短期受け入れ事業を主軸に、ホームページやラジオ番組での情報発信、避難者交流事業、イベントの開催、生活支援などの支援活動を精力的に行っていくことになる（**表6-2**）。

6章　島人と移住者の「ちむぐくる」　*141*

　こうした活動には石垣に移住した避難者からの参加があり、避難者の視点や力を借りることで活動の幅も広がった。移住者サポーターのひとりは、以下のように語った。

　　もっとも、プライバシーを気にする避難者もいるんで。避難者のなかにも、原発反対の運動をしてきた人がいて、ネットで叩かれることの怖さを知っている人とか、ネットに写真出るのは嫌だという人もいて、避難者の状況もそれぞれ違うでしょう。スタッフも、過剰にやりすぎて叩かれるのも怖い、というのが意識として強いから、やっぱり避難者の方の考えを「ちむぐくる」が知るのも大切ですよね。避難者の人を交えて活動できなくて、活動が小さくなっていくと、「何やっているの」、ということがあるんじゃないかと思うんです。メディアの取材が入り始めた頃から議論し始めたんだけど、活動にも露出するところとそうでないと

表6-2　初期段階のチーム編成

チーム名称	活動内容
事務チーム	理事会、総会、会議の開催・運営、会計業務、行政連絡など。
広報チーム	「ちむぐくる」のホームページの運営など。
ラジオチーム	「FMいしがきサンサンラジオ」から土曜日午前10～11時の枠を提供してもらい、7月2日から「YUIYUIちむぐくる」を放送。避難者の声を届け、活動内容を紹介するなど。
避難者チーム	避難者同士の集い・交流を目的にした「ちむカフェ」の開催（週1～3回程度）
イベント・交流チーム	遠足やクリスマス会、講演会、被災地の学生招待事業等の開催。島内の団体・個人による招待イベントの協力。
住宅チーム	市民から提供された「支援住宅」の管理・運営。居住者の生活相談、行政や専門家を紹介するための「相談員」を必要に応じて決め対応するなど。避難者に必要な物をおくる「ほしいもの＆さしあげますリスト」の仕組みを作り、ブログやサポーターメーリングリストで参加を呼びかけ。
放射線レベル把握チーム	島内の空間線量計測。（2012年7月よりNPO法人石垣市民ラボ 市民放射能測定所に発展し、食品の放射線測定の実施）

ころがあるし、メディアのインタビューも、インタビューを受けるというのは考えが整理されるメリットもあるだろうと、自分としては思うんですね。[18]

3.3 短期避難者の受け入れ支援
3.3.1 「ちむぐくる」が受け入れた短期避難者

多岐にわたる活動のなかでも、「ちむぐくる」を特徴づけるのは、結成時の最大の関心事でもあった自主避難者への住宅支援である。

「ちむぐくる」は、メンバーのネットワークを通して、社会福祉法人や自営業者など民間から空き家・空き室の提供を受け、水道工事や内装工事、網戸や障子の張り替えをし、家電製品を搬入し、避難住宅を整備した。

> シマの人は、たいへん暖かい心を持っています。避難者に世話している住宅で、コンセントが外れかけているなど問題があったりすると、すぐ直してくれるんです。最初から、「料金はいただきません」とか、「避難の親子の家ね、じゃあ、お金はいいです」などと言ってくれる人がとても多かったです。[19]

入居は期限を区切って最長3か月の受け入れとした。自主避難者が住居をみつけるまでの緊急避難のための住居と位置付け、できるだけ多くの避難者を受け入れようと考えたためである。

こうした避難住宅に入居したのは、主に未就学児を連れた家族だった。小学生以上の子供がいる場合は、転校を念頭におかねばならず、避難のハードルは高くなる。避難元の地域によっては、転校するためには住民票の転出・転入手続きが必要となり、短期の住宅支援に頼ることはできない。

2011年9月時点で、複数の母子が共同で避難生活を送っていた、ある避難住宅の様子を素描してみよう[20]。この避難住宅では、東京や茨城から未就学児を連れた母子が共同生活を送っていた。同じ30代、同じ意識を持って

避難している者同士だったが、石垣が最初の避難先であるという人もいれば、青森や北海道、なかには海外に避難した後に石垣に来た家族もあった。目的も、一時的な「デトックス（保養）」、移住先を決めるまでの緊急避難先とさまざまだった。

東京から2児を連れて避難したDさんは、7月下旬から8月末までの予定を1か月延長して滞在していた。東京の居住地の放射線量は高くないが、食べ物が心配で精神的にまいってしまった。「お店で産地のことを聞くと嫌な顔をされる」、「食べて行きなさいと言われても、それはどこのもの？と思ってしまう」からである。

同じく、東京から1児を連れて7月中旬から避難してきているEさんは、原発事故の日から外に出ることができなかった。海外で1か月間の避難生活を送り、海外に移住するために仕事探しをしている夫を、石垣で待っている状況だった。

Fさんは、福島原発から直線距離で110キロメートルほどの距離にある茨城県から、8月初旬に2児を連れて避難した。子供が寝ていて急に鼻血をだし、また自身もだるさを感じたり、顔にクマが出たりブツブツが出たりと体調の不調があった。そんなときに「ちむぐくる」を教えてもらって石垣に来た。当初は8月いっぱいの滞在を予定していたが、期間を延長し、もう1か月「デトックス」しようと考えていた。

Gさんも茨城県からの避難であった。原発事故後に1児を連れて実家に避難し、その後に石垣にやってきた。居住地では、母乳から放射性物質が検出されて問題になったため、戻りたくても「今、戻るのは無理だ」と考えた。「何かあったときに後悔するのは嫌、とりこし苦労で、やりすぎちゃったねと言えるのはいいんだけど」と、移住を念頭に避難生活を送っていた。

避難住宅での母子での共同生活は、「二重生活で、ローンもあるが、居心地が良い」、被曝を気にせず「安心になる、とにかく快適」だという。「近所の人も良くしてくれて、玄関に野菜をボーンと置いて行ってくれたり。（近所の人が）気を配ってくれているから、子供だけでも外で遊ばせられます」と

も語られた。

　もっとも、冷静に、客観的にみるならば、母子のみで、慣れない土地で、今後の見通しがたちにくいなかでの共同生活は、真に快適であろうはずもない。放射能におびえ、精神的苦痛を感じ、やむにやまれずの「非自発的な自主避難」（関2014）が受け入れられたからこその快適さであったということである。

3.3.2　短期避難者を支援する避難者

　こうした母子の様子を見に来ていた「ちむぐくる」のスタッフに、東京からの若い避難者夫妻がいた[21]。3月15日に東京を出て北海道の親戚の家に身を寄せたあと、いったん、東京に戻り、住居を決めて石垣にやって来た。「向こうでの生活は引きちぎって来た。何もかも全部、捨ててきた。それでも、この決断に従いたかった」という夫妻は、安定した仕事を辞めて避難を選択した自分たちは、「世の中的にみるとマイノリティ」だという。

　　　生活については、これまでと同じ生活をしようとは思っていないですね。ここでできることで、やっていこう。どうにも立ち行かなかったら考えよう。こだわりは持たないほうがいいんです。
　　　レントゲンとか、体に人工物をあてるのも嫌だったのに、今回のこと（原発事故）は、調べるとますますダメで、怖い。わからないことが怖いんです。離れない選択があったら、それを貫いたと思います。
　　　両親もいたんですが、家族であっても、それぞれ自立した大人です。自分たちは避難を決断した。でも、両親は残った。それぞれの最小単位で決めたなら、それはしょうがない。人は、親兄弟であっても、それぞれ考え方が違うなぁと思いました。
　　　びっくりしたのは、雇用がないということですね。ただ、アルバイトしながらでも生活できるわけで。生活を変えたくない人は動きたくない（避難したくない）でしょうけど。本当に急に、必要なものだけ持ってき

ました。贅肉をそぎ落としてきた。身軽になりました。

　あらかじめ住居を決めて移住したのは、戦後の入植者の集落で、すでにナイチャーの移住者もいるところだった。地域にもすんなりと受け入れてもらった夫妻は、交流会や勉強会などを通して「ちむぐくる」に出会い、スタッフになった。石垣に避難してきた人のなかには、「ちむぐくる」の活動から距離をおいている人もいるだろうが、「避難できたということは、自分で決めて行動する能動的な人なので、放射能の心配がないということだけでも元気になっているのではないか」と考えていた。

　この夫妻のように、自らが避難者でありながら、「ちむぐくる」で活動した避難者も多く、「ちむぐくる」が受け入れた短期避難者のなかにも、移住を果たしたり、もとの居住地に戻ることを選択したりした後に、「ちむぐくる」を支える人も出てきた。

3.3.3　短期避難者の減少と活動の終了

　「ちむぐくる」が始動したのは、ちょうど夏休みをまえに自主避難者が増加していく時期であった。支援の輪は各地に広がり、避難者らの訴えや努力によって、2012年6月には「東京電力原子力事故により被災した子どもをはじめとする住民等の生活を守り支えるための被災者の生活支援等に関する施策の推進に関する法律」（「子ども・被災者生活支援法」）が制定・施行された。この法は、自主避難者にとっての希望だったが、期待されていた役割を果たすことができなかった[22]。

　他方で、避難者は震災2年目には減少に転じていく。全国的にも自主避難者の支援が縮小される傾向があり、石垣に自主避難する家族も徐々に減少した。原発避難離婚や原発避難いじめなど、自主避難をめぐる厳しい状況がささやかれるようになった。

　石垣の避難住宅への入居希望者も減少していった。石垣に移住した避難者も地域になじみ、自分たちのネットワークを持つようになったことから、

2014年の総会で、「ちむぐくる」は次の1年の活動をもって解散することになった。2011年7月の結成から2014年9月まで、「ちむぐくる」が避難住宅7か所で受け入れた避難者は、87家族200名にのぼった。

4. 避難者支援を咀嚼した地域の文脈

　3年2か月におよぶ「ちむぐくる」の活動は、石垣の社会にとって、どのようなものであったのだろうか。「ちむぐくる」を二重構造のネットワークにすることで、避難者支援は「地元経済界と移住者が一つになってやっていくことが必要」という雰囲気が生まれたという。ここでは、会長の浦内克雄 (石垣エスエスグループ専務取締役、メイクマン石垣店店長) の視点から、「ちむぐくる」の避難者支援活動が地元の人々に咀嚼され、受容されていく過程を、石垣の社会的文脈に留意しながら析出していくことにしよう[23]。

4.1　明和大津波の記憶

　浦内が「ちむぐくる」の会長を引き受けた理由には、個人的な経歴が関係している。浦内は、修練・奉仕・友情を信条としてよりよい社会づくりを目指すことを目的に設立された日本青年会議所 (公益社団法人) で活動した経験があり[24]、阪神淡路大震災の発生に際しては、「たすけあいのまちづくり活動」として被災地支援に取り組んだ経験がある。

　東日本大震災でも、「何かやろう」という思いがあり、「ちむぐくる」の会長を引き受けた。「石垣に避難しているのは原発 (原発事故避難) の人が多いのですが、原発 (事故) と津波は一体のものと考えている」からだった。

　浦内が生まれ育ったのは、明和大津波前の人口1,221人に対し、実に1,050名の死者・行方不明者を出した宮良集落である。

　　「朝寝するとなん (津波) に引かれるぞ」という言葉が今に残されている。午前八時頃の津波であったが、その頃まで朝寝坊していた為に逃げ

おくれて遭難した者がおり、このような戒めの言葉が語り伝えられたものと思われる（牧野1968:337）。

　浦内も、子どもの頃に朝のトイレが長いと「おい、津波がくるぞ」とよく言われた。浦内の祖先には津波の犠牲者がおり、墓には乾隆36年3月10日（旧暦）に71歳と43歳の2名の男性が亡くなったと記録された骨壺がある。乾隆とは清の時代の元号であり、乾隆36年3月10日は1771年の明和大津波が起こった日である。明和大津波は墓地の手前まで到達したことから、墓地よりも高いところに避難するように言われてきた。また、津波の難を逃れた人と小浜島からの移民とで村建てをし、明治になって風水見の見立てで高台に集落移転をしたのが、現在の宮良集落であると聞かされてきた。明和大津波の教訓は、集落の歴史とともに語り継がれてきたのである[25]。
　1983年に宮良集落に市民からの寄付を募って「明和大津波遭難者慰霊之塔」が建立されてからは、毎年、慰霊祭も行われるようになり、祖先が経験した明和大津波に思いを馳せる機会も増えていた。
　慰霊碑の建立や慰霊祭を通した明和大津波の記憶の共有化に加えて、東日本大震災は石垣市の防災施策やまちづくりに大きな影響を与えることになった。東日本大震災後の2011年4月22日に公布・施行された「石垣市民防災の日を定める条例」（2011年4月22日公布・施行）は、明和大津波が発生した4月24日を市民防災の日と定めた。また、石垣市では市役所の移転先を埋立地にするか、高台にある旧石垣空港の跡地にするかで長く議論があったが、津波防災の観点が勝ったとみえ、住民投票の結果、市役所を高台に移転することで決着した[26]。
　浦内は、「我々の血のなかには、昔の津波の経験が流れている」という。津波被災の教訓に触れて育ち、被災地支援の「たすけあいのまちづくり」活動にかかわった浦内は、明和大津波を血肉化してきた「我々石垣市民」の立場で原発避難者支援を捉えたのである。

4.2　ゆいまーるの島、癒しの島

　浦内は、「石垣は本島以上にゆいまーるが盛ん」な土地柄であるといい、「ちむぐくる」の避難者支援活動は、「ゆいまーる」という「たすけあい」の心に支えられてきたと考える。「ゆいまーる」とは、労働力の交換や相互扶助を意味する「ゆい（結い）」のことであるが、浦内が「ちむぐくる」の活動でみたゆいまーるは、ゆい本来の「結合」「共同」という意味に近く、まわりまわって返ってくるだろう交換や扶助である。

　浦内は、東日本大震災の甚大な被害をまえに、「何かしたいが、何をしたらよいかわからない」という人が多くいると感じていた。避難住宅が必要だといえば、地元の好意で空き家・空き室が提供され、住宅に不具合があれば地元の人がどんどん手を入れてくれた。石垣経済界からも「何かあったら声をかけてください」「イベントで必要なものがあれば言ってください」という声が寄せられた。こうした声を活かす活動として、浦内は「ちむぐくる」の缶バッジ製作や販売、「石垣島まつり」への出店、避難者の遠足などを発案した。

　「ちむぐくる」の缶バッジの製作・販売では、市役所が販売協力の窓口となり、市役所の職員も購入してくれた。浦内が店長を務めるメイクマン石垣店でも販売協力し、従業員も缶バッチを胸元につけて接客した。浦内にとって、缶バッジは、活動資金づくりという以上に、避難者に「安心してください」「応援しています」のメッセージを伝えるツールだった。ガスメーターの検針に来た人がバッジをつけている、買い物で訪れた店の店員がバッジをつけている、それは避難者を受け入れる石垣社会の意思表明なのである。

　「石垣島まつり」は、2日間にわたって開催される石垣最大の市民の祭である。石垣出身のアーティストのステージ、市民パレードや打ち上げ花火など、盛りだくさんのイベントがあり、市民の出店が立ち並ぶ。「ちむぐくる」もここに出店し、焼きそばやから揚げなどを販売、2日間で約86万円を売り上げた。「石垣島まつり」への参加は、「皆がひとつにまとまる重要なポイント」だった。地元の人と移住者、そこに避難者も加わって、支援の輪が大きく広

がった実感があった。

　また、被災・避難者の遠足は、石垣のネットワークをつなげることで実現した。「ニライカード」、「カナイカード」の発行対象者に石垣市の協力を得て参加者募集をかけた。バス会社は通常の半額の料金でバスやスタッフを出してくれた。目的地の観光施設は参加者をもてなしてくれた。こうして支援にかかわる人が増えれば、石垣で生活する避難者を目の端で気にかける人が増え、避難者のセイフティネットになる。

　加えて避難者の遠足は、単なるイベントとして企画されたものではない。そこには、石垣に避難した子どもたちが将来の「かけはし」になるようにという想いが込められていた[27]。石垣は観光が基軸となる「癒しの島」である。新石垣空港やクルーズ船が入港する石垣港をハブとし、北は本土、南は台湾・香港と交流する島である。石垣が避難してきた親子にとっても愛着を感じる「癒しの島」になれば、戻った後も石垣の応援団になってくれるだろう。小さな子供たちの記憶の片隅に石垣が残り、親から石垣での滞在経験を聞いたりすることで、将来、子供たちは石垣の力になってくれるだろう。そうした考えを持つ浦内にとって、支援とは一方的に提供されるものではなく、時間と空間を超えて育まれていくだろう「たすけあい」「ゆいまーる」であっただろう。

　上述のような活動は、「協力したい」人と「支援というかかわり」を分有し、モノを介したコミュニケーションを通して原発事故避難者への支援を広げた。もっとも、物品の販売などによる活動資金集めは、石垣を含む沖縄では一般的にとられる手法でもある。何かを実現しようとするときには、努力をしている姿を見せなくてはならないのであり、協力・応援をしてくれる人が増えることで、目的は自分事から地域事に育っていくのである。「ちむぐくる」の支援活動を市民と分有することは、石垣社会の「ゆいまーる」に避難者を包摂し、地域として避難者を受け入れることであったし、翻って支援活動を担っている移住者を承認することでもあった。

4.3 島のスタイルで境界を超える

　こうした活動展開について、浦内は「島の人と移住者がうまくいっているのは、タッグを組んでいるからです。右と左と分け隔てなくやっているのが、外から見ても、内においても、感じられる。雑念が入ってこないからでしょうね」と語った。

　とはいえ、「支援」という目的を共有できても、「支援のための」手段や方法が共有できなければタッグを組むことはできない。タッグを組むことができたのは、「ちむぐくる」の活動が、「支援」を「ゆいまーる」「たすけあい」という石垣スタイルへと咀嚼し、転換する余白を持っていたからであろう。

　「ちむぐくる」の設立準備段階で、「ナイチャーばかりの集団になってしまっては、運動として定着しないだろう」、「この運動が島の人から見放されては困る」と懸念し、島人に会長や役員として「ちむぐくる」の活動への参画を呼びかけたのは、既述したようにUターンで石垣に戻ってきた新垣だった。島の社会経済に根差す人と移住者とが協働する二重構造の組織は、当初、スタイルの違いから、地元の人と移住者とで考え方のズレがあり、ちぐはぐなところもあったが、地元密着の組織になることで、「ちむぐくる」が目的にする避難者支援は石垣社会に根を伸ばした。

　行政からの援助に依存せず、寄付だけに頼らず、物品販売や「石垣まつり」への出店など、島の人たちと同じスタイルで活動資金を集めたことも重要だった。会長は名誉職ではなく旗振り役とばかりに、浦内自身も業者に協力を求め、従業員に支援を求めて、金魚すくいやカブトムシの販売で資金を造成した。それによって、業者も従業員も買い手となるお客さんも避難者支援にかかわることができた。

　このように、「ちむぐくる」の活動は、官と民、地元の人と移住者、保守と革新といった二項対立を無効化しながら展開された。これら運動が抱えがちな差異と対立は、石垣社会が島のスタイルで避難者受け入れという問題に＜出会う＞ことで相対化されたといえる。

5.島人、Uターン、移住者の多層性

「ちむぐくる」が活動を終えるにあたり、浦内は、『八重山毎日新聞』（2015年6月30日）に「『ちむぐくる』の解散にあたって」という文章を寄せている。

> 　私たちはさまざまな形で支援活動を行ってきましたが、震災から4年がすぎ、避難や保養に来ていた母子もほとんどが帰り、新たな保養の申し込みも減ってきました。また、避難をきっかけに島への移住を選択した人たちも、地域の中で支えられながら生活を送っています。このことから話し合いをした結果、震災直後からの緊急、緊要性をもった『ちむぐくる』の役目は一定程度果たしえたと言えるのではないかということになりました。そこで、実質的な活動は6月末で終了し、来る7月12日の第5回総会で、正式に「ちむぐくる」の解散を決定することになりました。
>
> 　これまで4年間にわたって「ちむぐくる」の活動を支えていただいた人々に心からの敬意と感謝を表するとともに、今後とも被災者の「忘れないで」の声を受け止め、その人々の苦しみや悲しみに寄り添えるようともに努めてまいりたいと思います。誠にありがとうございました。

新規に避難する人が少なくなり、実際に活動を担うサポーターも減ってきたこと、避難移住した人も自分たちのネットワークをつくって石垣に根付きはじめたことから、「ちむぐくる」は2014年の総会からすでに解散への道筋を描いていた。「八重山ビジュルー」といわれる島に、押しつけがましい善意はない。人は人、自分は自分である。そういう石垣らしい活動をし、石垣らしい閉め方をしようと考えていたからである。「ちむぐくる」の最後の1年は、活動を終えるにあたっての広報や残務処理などの猶予期間という位置づけであったが、それでも毎月1回の幹事会は欠かすことなく開催され、幹事たちもきちんと出席していたという。

浦内は「ちむぐくる」の活動を振り返って語るなら、「石垣の市民は『ちむ
ぐくる』を認めてくださった」ということに尽きるという。事実、「ちむぐく
る」の活動は、行政と住民が連携し、Uターン者を接手として移住者と島人
とが連携し、その輪の中に石垣への避難移住者も加わって、多くの島人の応
援の手を借りて展開された。重層的な石垣社会を貫く串のようにネットワー
クを拡げた活動は、石垣では初めてのことであった。

とはいえ、「ちむぐくる」の活動を振り返ったときに、深くコミットした
人であればあるほど、ザラザラした感情が浮かぶこともある。共同生活を送
る避難者同士の間でのトラブルに頭を抱えたこともあった。メンバーと避難
者の方とのトラブルもあった。「ちむぐくる」メンバーの人間関係の問題も
あった。「ちむぐくる」をひとつの社会実験とみた新垣は、こうした経験も
また、今後の石垣のために記憶すべき事柄であると語ってくれた。

ザラザラした感情は、避難者を地域ぐるみで受け入れ、大きな功績をあげ
た地域で聞かれることでもある。活動が終わった途端に、「美談のままにし
ておきたい」と口をつぐむ人に出くわしたこともある。一心に取り組んだ活
動だからこそ、さまざまな葛藤が生まれ、語り難い経験が数々あったという
ことである。

ともあれ、重層的な社会のなかで実現した、市民主導の自主避難者受け入
れプロジェクトはしばし小閑休話となった。自分は自分、人は人という「八
重山ビジュルー」の石垣社会のなかで、「ちむぐくる」解散後に「避難者」のこ
とはほとんど話題にならない。石垣に根を張りつつある避難者は自立した生
活者であり、過剰に関与する必要はないと距離をおいている。次に「ちむぐ
くる」がなしえた活動が石垣社会でクローズアップされるとすれば、それは
受け入れた子供たちが成長して「かけはし」になったときということになる
だろう。

注
　1　「ちむぐくる」は「肝心」と書く。「肝」は人体の重要な部分であると同時に、

6章　島人と移住者の「ちむぐくる」　*153*

キモが座る、キモが太い、キモが冷える、といったように心や魂を指す。沖縄のシマ言葉で「ちむぐくる」は、人にとって最も大切な「まごころ」を意味し、八重山のシマ言葉では「きぃむぐくる」という。

2　本章は、科研費基盤研究 (B) 24330161「大規模複合災害における自治体・コミュニティの減災機能に関する社会学的研究」(2012-14年度、代表・関礼子)、基盤研究 (C) 16K04108「災害経験と被害の社会的承認——環境社会学の視点から」(2016-17年度、代表・関礼子) の研究成果も用いている。

3　ちなみに、中越地震をはじめ豪雪、大停電、中越沖地震と相次ぐ災害にみまわれた新潟県は、2008年に、災害経験を活かして首都直下地震の際に被災者100万人の受け入れを目指す「防災グリーンツーリズム宣言」を出している。

4　福島県檜枝岐村や群馬県片品村などの観光を主産業とする小規模自治体では、早い段階で自治体が独自に予算措置をし、避難者の宿泊施設での受け入れを開始した (関・鬼頭 2011)。こうした事例が各地で生まれたのちに、被害が大規模でライフライン復旧の見込みがつかない避難所から、直接に被災していない温泉地宿泊施設への二次避難が積極的に進められた。また、東日本大震災の課題を踏まえて2013年6月に災害対策基本法が改正されたことから、内閣府は『避難所における良好な生活環境の確保に向けた取組指針』(2013) を出した。この指針に基づくガイドラインには旅館やホテルの二次避難所としての利用が位置づけられており (内閣府 2016)、災害と観光は今後の重要な研究分野になるだろう。

5　東北地方太平洋沖地震被災者の受入方針では、数万人規模の被災者の避難・来県を想定した①宿泊施設の確保、②旅費・宿泊費の負担 (食料品・日用品の提供を含む)、③医療、福祉、教育サービスの提供のほか、長期避難を想定して市町村などと連携のうえ①県営住宅をはじめとする公的住宅の提供、②仮設住宅の供給、③県民と同等の医療福祉・教育等行政サービスの確保に努めるとともに、県支援対策本部のもとに「被災者支援ワーキングチーム」を設置することが示された。

6　2012年11月実施の被災者アンケートでは、回答した被災者の利用率は100%であった (沖縄県資料による)。

7　2年間有効のカードで、期限終了後の継続利用者のカードは「ニライカナイカード」に統一された。このカードはサービスを更新して2017年5月末現在も利用されている。なお、2017年4月28日の復興庁発表によると、現在、沖縄県の22市町村に347人の避難者がいる。

8　記事は沖縄タイムスHP (http://www.okinawatimes.co.jp/article/2011-04-04_16267/、最終閲覧2011年7月6日) による。

9　2011年9月12日、「ちむぐくる」の中心メンバーの一人で、移住者のAさ

んへのヒアリングによる。本章では詳述してないが、「ちむぐくる」の活動を支えたのはAさんをはじめとする移住者の行動力であったことを明記しておく。

10　2011年11月3日、新垣重雄（敬称略）へのヒアリングによる。

11　同上による。なお、『八重山毎日新聞』2012年3月29日の「美しい八重山を守って」（避難者の会代表・瓜生文）にもその状況が記されており、複数の家族がキャンプでの避難生活をしていたことがわかる。

12　この要請に対し、石垣市は受け入れを家族単位に拡大するなどして対応した。

13　「東日本大震災、福島原発事故被災者、避難者支援ネットワーク石垣島『ちむぐくる』結成総会議案書」による。

14　2011年6月7日付け「ちむぐくる準備会」による「『ちむぐくる』東日本大震災、福島原発事故被災者、避難者支援ネットワーク石垣島設立趣意書」による。

15　以下は新垣重雄の既出のヒアリングによる。

16　2011年11月2日、「ちむぐくる」の中心メンバーの一人で、移住者サポーターのBさんへのヒアリングによる。

17　記事は八重山毎日新聞HP（http://www.y-mainichi.co.jp/news/8813、最終閲覧2017年5月1日）による。

18　2011年11月3日、「ちむぐくる」移住者サポーターのCさんへのヒアリングによる。

19　Bさんへの既出のヒアリングによる。

20　以下は、2011年9月13日に母子避難のお母さん方へのヒアリングによる。

21　以下は、避難移住サポーターH夫妻への2011年9月13日のヒアリングによる。

22　期待された役割を果たせないまま、2015年7月、子ども・被災者生活支援法の基本方針に、福島が「線量が発災時と比べ大幅に低減し、避難する状況にはないことを明記」する案が示された。（「子ども被災者支援法 基本方針改定案（概要）」（2015年7月）、復興庁HP、http://www.reconstruction.go.jp/topics/main-cat2/20150817_kaigisiryou.pdf、2017年5月28日最終閲覧）。

23　以下は浦内克雄（敬称略）の2011年11月3日のヒアリングによる。

24　日本青年会議所HP（http://www.jaycee.or.jp/2017/、2017年5月28日最終閲覧）。

25　三陸大津波を経験した陸前高田市では、津波災害の間隔が空き、都市空間の構造が変化することで、過去の教訓を活かした津波被災回避行動が遅れたと指摘される。他方で、石垣では明和大津波の記憶が240年たっても鮮明である。

26 2016年2月7日に実施された住民投票では、有効投票の8割が旧空港跡地への移転に投票した（沖縄タイムズHP、http://www.okinawatimes.co.jp/articles/-/23661、2017年8月1日最終閲覧）。

27 ここでの「かけはし」は、高校生が続けてきた「かけはし交流」の連続線上でイメージするものである。東北地方を襲った記録的な冷夏で「平成の米騒動」が発生した1993年に、岩手県から水稲新品種の「岩手34号」の種もみ増殖事業を石垣で行って以降、石垣市の八重山高校と岩手県盛岡市の盛岡第四高校は姉妹校となって相互交流を続けてきた。「岩手34号」は「かけはし」という銘柄米となり、石垣と岩手の交流は「かけはし交流」と呼ばれている。浦内は、「ちむぐくる」の会長として活動するだけでなく、八重山高校PTAのOB有志でつくる「八重盛48の会」（会員24人）の一員として、岩手県宮古市の仮設住宅での炊き出しに4年連続で出かけているが、これも「かけはし交流」の縁であった。

参考文献

江上渉, 2013,「沖縄における被災者・避難者支援——石垣市『ちむぐくる』の組織化過程」関礼子編『大規模複合災害研究1』.

鬼頭秀一, 1996,『自然保護を問いなおす——環境倫理とネットワーク』筑摩書房.

牧野清, 1968,『八重山の明和大津波』牧野清.

三木健, 1980,『八重山近代民衆史』三一書房.

——, 1983,『西表炭坑概史』ひるぎ社.

内閣府（防災担当）, 2013,『避難所における良好な生活環境の確保に向けた取組指針』（内閣府HP:http://www.bousai.go.jp/taisaku/hinanjo/h25/pdf/kankyoukakuho-honbun.pdf, 最終閲覧2017年5月31日）.

——, 2016,『避難所運営ガイドライン』（内閣府HP: http://www.bousai.go.jp/taisaku/hinanjo/pdf/1604hinanjo_guideline.pdf, 最終閲覧2017年5月31日）.

内閣府政策統括官（経済財政−景気判断・政策分析担当）, 2002,『地域経済レポート2001——公共投資依存からの脱却と雇用の創出』財務省印刷局.

関礼子, 2012,「観光の環境誌Ⅰ——まなざされる国の生成」『応用社会学研究』54;15-41.

——, 2014,「人を大切にしない『いま、ここ』——非自発的な自主避難」関礼子・廣本由香『鳥栖のつむぎ——もうひとつの震災ユートピア』新泉社.

関礼子・鬼頭秀一, 2011,「福島原発事故による避難者受け入れと『ボランティア』——福島県檜枝岐村と群馬県片品村の事例から」『「農」の哲学の構築　研究成果報告』1:1-36.

宇根栄太郎, 1981,「Uターン農業青年と裏石垣の土地問題——一九七九年四月」

CTS阻止闘争を拡げる会編『琉球弧の住民運動』三一書房.

7章 「場」としての石垣
――統計データの中の石垣と統計データから溢れる石垣

髙木 恒一

1.問題の所在

　本書では、石垣（石垣島／石垣市）において生活を営む多様な人々やここで生じているさまざまな出来事を検討してきた。それぞれの人や出来事を、独立した事象として論じることも可能である。しかし、これらの人の営みや出来事が石垣というひとつの地域の中で生じるものとして位置づけることもまた重要な視点である。なぜならば、個々の人の営みや出来事は、常にこれが生み出される地域の文脈の中にあり、その影響を受けているからである。そして同じ地域内で生じている事象はしばしば連関して相互に影響を及ぼしあい、さらには地域のあり方も変えていく。本章では、個々の事象を関連づけ成り立たせる、「場」としての石垣を検討していくことにしたい。

　以下、2節ではまず統計データなどに基づいて石垣の概略を描いていく。これに続く3節では、データでは捉えきれない石垣の特性を捉えていく。そして4節ではこうした「場」を研究することの意義を考えてみたい。

2.石垣の概要：統計データを中心に

2.1　石垣市の位置と人口

　石垣島は、南九州から台湾に至る列島である琉球弧の南西端に位置する八重山群島の一つである。行政区画としては1964年に大浜村と石垣市が合併し、全島が石垣市の範囲となって今日に至っている[1]。島の面積は222.25㎢

で、沖縄県内では沖縄本島、西表島に次ぐ大きさとなっている。また主要・関係都市との距離は、東京都とは1,952km、大阪とは1,588km、那覇からは411km、台湾とは277kmである（統計いしがきHP）。

　人口動向を見てみよう。2015年の国勢調査によると石垣市の人口は47,660人、世帯数は20,532世帯となっている。人口が集中しているのは島の南部に位置する「四箇」と呼ばれるエリアである。これは新川、登野城、石垣、大川の4つの字の総称であり、16世紀半ばに琉球王府の出先機関である蔵元が竹富島から移されたことから政治の中心地となり、これ以後石垣社会の政治・経済の中心地となり今日に至っている。さらに1967年からは新川地先の公有水面の埋め立てが実施されたことにより美崎町、新栄町、浜崎町が生まれ、これらの地域も含めた市街地が広がっている（堂前1997）。2015年国勢調査データによれば、四箇と美崎町、新栄町、浜崎町の人口の合計は28,865人であり、市全体の人口の61.6％を占めている。

　続いて人口推移の動向を見ておこう。図7-1は、国勢調査データによる人口推移である。第二次世界大戦以前の人口は20,000人程度で大きな変動は

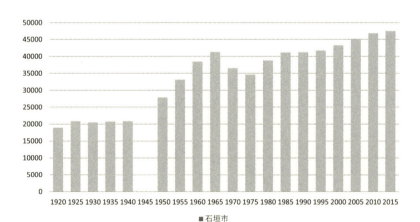

図7-1　石垣市の人口増減

データ：国勢調査
出典：「統計いしがき」平成27年度（第38号）より筆者作成

見られないが、第二次世界大戦後、1960年まで人口が急増する。その後沖縄返還（1972年）を挟む時期には人口減少を経験するが、その後は今日に至るまで緩やかな増加傾向にあることがわかる。

人口の増減率を沖縄県および那覇市と比較したのが**図7-2**である。第二次世界大戦前の時期は石垣の人口は停滞傾向なのに対して沖縄県、那覇市が増加基調にあった。この状況が変化するのは第二次世界大戦終了後のことである。第二次世界大戦終了直後期に、沖縄県は海外からの引揚者などで大きな人口増加があった。沖縄群島全体の人口は、1945年末には32万6,625名だったのが、翌年末には50万9,517名に激増した（柳澤2015）。増加率を見るとこの時期の人口増加は那覇市、沖縄県全体よりも石垣市で大きかったことがわかる。しかし、石垣市の人口増加率はこの後に低下する。1950年代は那覇での人口増加率が大きいのに対して、県全体と石垣市は増加率が減少し、石垣市では人口が大幅に減少する局面も現れる。1970年代には増加基調となるが、その伸びは緩やかになるとともに、県全体、那覇市とほぼ同じ水準と

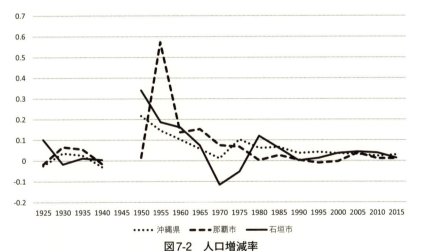

図7-2　人口増減率

注：1950年の増加率は1940年の人口との比較
データ：国勢調査
出典：沖縄県統計資料ウェブサイト所収データより筆者作成

なっている。こうした人口動向は、特に第二次世界大戦前および米軍統治下の時期には県全体や那覇市とは異なる社会状況が生じていたことを推測させる。**図7-3**は1980年以降の年齢3区分の推移を表している。老年人口比率を見ると、1980年には8.4%だったのが年を追うごとに比率を高め、2000年には15.4%となり高齢社会の段階に入った。さらに2015年の比率は19.2%となり、年少人口比率（18.3%）を上回った。こうした高齢化の傾向は全国と同様ではあるが、2015年の全国の値（年少人口比率12.6%、老年人口比率26.6%）と比較すると年少人口比率は高く、老年人口比率は低い。

2.2 産業と労働

続いて、産業と労働の動向を見ておくことにしたい。**図7-4**は、国勢調査データに基づいて1990年以降の産業別就業者比率の推移を見たものである。第1次産業、第2次産業の比率が徐々に低下し、第3次産業の比率が高くなる傾向にあることがわかる[2]。**図7-5**は、2015年国勢調査データによる沖縄県、那覇市、石垣市の産業別従業者比率である。第3次産業が占める比率が最も高いのは3地点で共通である。しかし第1次産業比率は那覇市よりはも

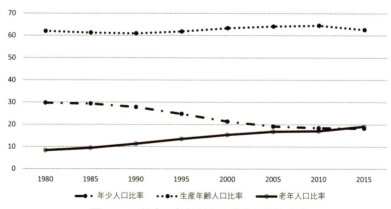

図7-3　石垣市の年齢別人口構成の推移（%）

データ：国勢調査
出典：「統計いしがき」平成27年度（第38号）より筆者作成

とより、県全体と比べても高く、また第2次産業比率は那覇市よりも高く、沖縄県全体とほぼ同じ比率を示しているのが特徴である。

産業大分類別に見ると、石垣市の第1次産業の多くは農業で第1次産業従事者の99.2%を占めている。また、第2次産業のうち、建設業従事者は1,893

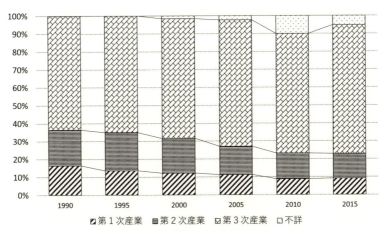

図7-4　産業別従業者比較推移

出典：国勢調査データより筆者作成

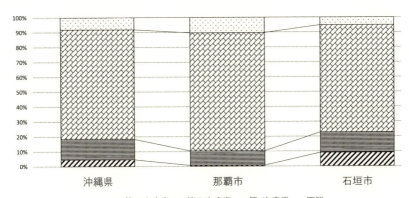

図7-5　産業別従業者比率（2015年）

出典：国勢調査データより筆者作成

人で15歳以上全就業者に対する比率は8.3%となる。この比率は那覇市(5.6%)よりは高いが沖縄県(8.9%)より低い。一方、製造業従事者は1,211人で比率は5.3%となっている。この比率は沖縄県(4.9%)、那覇市(4.2%)を上回っており、製造業の比重の大きさが特徴的である。第3次産業の中では小売・卸売業(3,093人、13.6%)に続いて宿泊業、飲食サービス(2,817人、12.4%)の比率が高い。宿泊業・飲食サービスは沖縄県の比率が7.8%、那覇市では7.7%となっており、石垣市の比率の高さは顕著である。観光に関わるこのセクターの比率が高いことに注目できるだろう。

製造業について、より詳細に検討するために事業所単位のデータを検討しておこう。2012年の経済センサス活動調査のデータによると、石垣市の製造業事業所は188、従業者数は1,338人である。石垣市全事業所の中で占める比率は事業所数で6.4%、従業者数では7.2%となっている。製造業の産業細分類別に見たのが表7-1である。この中で事業所数、従業者数とも最も大きな比率を示すのが食料品製造業であり、従業者数は製造業従事者の半数を超えている。さらに、農産物の加工という点では「飲料・たばこ・飼料製造業」も、事業所数で4.3%、従業者数では7.5%を占めており、これを加えれば、石垣の主要な製造業は農産物加工に関わるセクションと見ることができる(表7-1)。

では、就労している人々は、どのような働き方をしているのだろうか。表7-2は、2015年の国勢調査データによる従業上の地位を、沖縄県、那覇市、石垣市で比べたものである。沖縄県や那覇市と比較して特筆すべきは雇用者の比率が少なく、自営業、特に雇い人のない業主の比率が高いことである。この傾向を第3次産業の中でも大きな比率を占めている「卸小売業」(表7-3)で見ると、雇用者のうち正規雇用よりもパート等の比率が高く、正規雇用の比率は県全体、那覇市を下回る。一方、自営の中では雇人のない業主と家族従業者の比率が雇人のある業主より高く、その比率は県、那覇市よりも高い傾向にあることがわかる。ここでは雇用者の中でも非正規雇用の比率が高いことと、雇い人のない業主と家族従業員の比率の高さからは自営業も零細な

7章 「場」としての石垣　163

産業区分	事業所数	従業者数	事業所比率（対全産業事業所）	従業者比率（対全産業従業者）	事業所数比率（対製造業事業所）	従業者数比率（対製造業従業者）
全産業（公務を除く）	2,937	18,646	100.00%	100.00%		
第1次産業						
農林漁業	40	284	1.40%	1.50%		
農業，林業	37	253	1.30%	1.40%		
漁業（水産養殖業）	3	31	0.10%	0.20%		
第2次産業						
鉱業，採石業，砂利採取業	3	15	0.10%	0.10%		
建設業	221	1,768	7.50%	9.50%		
製造業（合計）	188	1,338	6.40%	7.20%		
食料品製造業	76	675	2.60%	3.60%	40.40%	50.40%
飲料・たばこ・飼料製造業	12	101	0.40%	0.50%	6.40%	7.50%
繊維工業	8	97	0.30%	0.50%	4.30%	7.20%
木材・木製品製造業（家具を除く）	2	5	0.10%	0.10%	1.10%	0.40%
家具・装備品製造業	5	24	0.20%	0.10%	2.70%	1.80%
印刷・同関連業	8	40	0.30%	0.20%	4.30%	3.00%
化学工業	2	46	0.10%	0.20%	1.10%	3.40%
石油製品・石炭製品製造業	1	1	0.00%	0.00%	0.50%	0.10%
プラスチック製品製造業（別掲を除く）	3	5	0.10%	0.00%	1.60%	0.40%
ゴム製品製造業	1	1	0.00%	0.00%	0.50%	0.10%
なめし革・同製品・毛皮製造業	2	4	0.10%	0.00%	1.10%	0.30%
窯業・土石製品製造業	23	165	0.80%	0.90%	12.20%	12.30%
鉄鋼業	1	7	0.00%	0.00%	0.50%	0.50%
金属製品製造業	17	70	0.60%	0.40%	9.00%	5.20%
生産用機械器具製造業	1	4	0.00%	0.00%	0.50%	0.30%
輸送用機械器具製造業	4	10	0.10%	0.10%	2.10%	0.70%
その他の製造業	9	56	0.30%	0.30%	4.80%	4.20%
製造業 内格付不能	13	27	0.40%	0.10%	6.90%	2.00%
第3次産業						
電気	2	40	0.10%	0.20%		
情報通信業	17	144	0.60%	0.80%		
運輸業，郵便業	78	1,354	2.70%	7.30%		
卸売業，小売業	770	3,992	26.20%	21.40%		
金融業，保険業	29	275	1.00%	1.50%		
学術研究，専門・技術サービス業	107	506	3.60%	2.70%		
宿泊業，飲食サービス業	616	3,637	21.00%	19.50%		
生活関連サービス業，娯楽業	275	912	9.40%	4.90%		
教育，学習支援業	88	284	3.00%	1.50%		
医療，福祉	143	2,172	4.90%	11.60%		
複合サービス事業	10	138	0.30%	0.70%		
サービス業（他に分類されないもの）	148	1,231	5.00%	6.60%		

表7-1　石垣市における民間事業所の動向

データ:2012年経済センサス一活動調査
出典:「統計いしがき」平成27年度（第38号）より筆者作成

ものが多いことが見て取れ、就業環境が不安定であることが示されている。

図7-6は全国、沖縄県、那覇市、石垣市の失業率の推移を示している。石垣市の失業率は、全国よりも高いものの那覇市、沖縄県全体よりは低い値で推移している。また、沖縄県と那覇市では1995年、2005年に高い値を示す

		総数	雇用者			役員	自営・家族従業員			家庭内職者	不詳
			正規の職員・従業員	派遣社員	パート・アルバイト等		雇人のある業主	雇人のない業主	家族従業者		
沖縄県	実数	589634	277117	14323	160611	17743	17146	46011	16774	481	39428
	構成比	100.00%	47.0%	2.4%	27.2%	3.0%	2.9%	7.8%	2.8%	0.1%	6.7%
那覇市	実数	127621	61002	3852	34755	4915	3180	7018	2324	113	10462
	構成比	100.0%	47.8%	3.0%	27.2%	3.9%	2.5%	5.5%	1.8%	0.1%	8.2%
石垣市	実数	22711	9784	331	6008	802	866	2656	1223	48	993
	構成比	100.00%	43.1%	1.5%	26.5%	3.5%	3.8%	11.7%	5.4%	0.2%	4.4%

表7-2　就労者の従業上の地位（全産業、2015年）
出典：国勢調査データより筆者作成

		総数	雇用者			役員	自営・家族従業員			家庭内職者	不詳
			正規の職員・従業員	派遣社員	パート・アルバイト等		雇人のある業主	雇人のない業主	家族従業者		
沖縄県	実数	81924	32190	1437	32868	3395	2784	5226	3089	0	935
	構成比		39.3%	1.8%	40.1%	4.1%	3.4%	6.4%	3.8%	0.0%	1.1%
那覇市	実数	19195	7751	410	7303	1126	597	1107	651	0	250
	構成比		40.4%	2.1%	38.0%	5.9%	3.1%	5.8%	3.4%	0.0%	1.3%
石垣市	実数	3093	1008	17	1254	145	162	276	207	0	24
	構成比		32.6%	0.5%	40.5%	4.7%	5.2%	8.9%	6.7%	0.0%	0.8%

表7-3　卸小売業従事者の従業業の地位 (2015)
出典：国税調査データより筆者作成

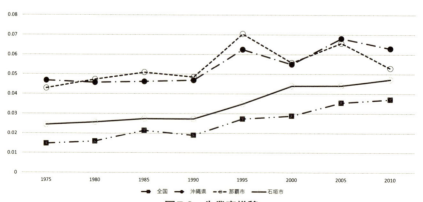

図7-6　失業率推移
出典：国勢調査データより筆者作成

など大きな変動が見られるが石垣市はこうした波を描くというよりも、全国の傾向と同様に漸増の傾向を示している。石垣市は、県全体や那覇市とは異なる経済環境があることが推測できるとともに、相対的には一貫して失業率が低いことが特徴と言える。ただし、この失業率の低さは、経済センサスデータで見た通り不安定な就業環境にあることとの関連で捉える必要があるだろう。

3.石垣社会の多面性

ここまで人口・世帯の動向と産業・労働の2つの側面について、主に統計データに基づいて分析を行ってきた。ここで示した数値によって「場」としての石垣社会の特性は一定程度理解することは可能である。しかし統計データが描きだす特性は、統計データの収集・集計において一定の社会の型を想定された中で行われる。このことによって標準化されたデータを得ることができ、ここから地域間比較が可能になる。しかし、それは一方では多面的な社会の一部を切り取ったものにしか過ぎないとも言える[4]。そこで、これまでに示したデータを手掛かりにしつつ、「場」としての石垣の特性を検討してみたい。

3.1 「辺境」あるいは「フロンティア」

1.1の冒頭に示した通り、石垣島は東京や大阪からは1,000km以上の距離があり、那覇からも400km以上離れている。日本の首都としての東京から見るとき、沖縄全体は「辺境」であるが、そのなかでも石垣島と八重山郡島は辺境の中でもさらに辺境と位置づけられて、例えば「辺境性の重層」（中俣1995）という表現がされることもある。こうした認識のもとで隔絶した地域としての「辺境」は後進性や困難性が想起されがちである。

しかしこの視点は一面的である。距離的には300km弱の距離にある台湾が、東京や那覇より近いのであり、このことは「辺境」というよりも、グローバ

ルな関係の中に接触する「フロンティア」であることを示している。

　そしてこのことは場としての石垣に独自性を与えている。とりわけ石垣で重要なのは台湾との関係である。特に、日清戦争の結果として1896年に台湾が日本の植民地となってからは、日本国内の移動として石垣と台湾では活発な人的交流が行われた。また石垣からも開拓移民や出稼ぎなどで多くの人が台湾に渡っている（松田、2004: 2015）。さらに戦時中、台湾は八重山からの疎開先となっていた。終戦直後1945年から52年ごろにかけては、八重山群島の中でもっとも台湾に近い与那国島を拠点として「密貿易」が行われ、生活物資の輸入が図られていた（石原2000）。こうした歴史の蓄積は、今日の石垣にも刻印され、大きな特徴を生み出しているのである。

　一方、こうした辺境かつフロンティアという性格は、グローバルな政治環境の中に石垣社会を置くことにもなっている。19世紀末、明治政府の確立期においては、八重山群島を含む沖縄（琉球）の帰属は確定したものではなかった。日清戦争はこの帰属問題を焦点のひとつとしたものだったが、これに先立つ1880年に「先島分島問題」が発生した。これは中国（清）が琉球の帰属について奄美群島の帰属を日本、沖縄本島とその周辺を独立国、先島（宮古島・八重山）を清に帰属させることを提案し、これに対して日本政府は沖縄本島以北を日本とするという提案したというものである。最終的には日本案で合意の運びとなったが、清側の都合で廃案となった（石堂1995）。ここでは先島が国際関係の中で、国境をめぐる交渉の資源として扱われたことが示されている。そしてそれはフロンティアに位置していることで、グローバルな状況の影響をより直接的に受けるものであることを示している[5]。

　近年のこうしたグローバル環境との関わりで問題化しているのが自衛隊配備問題である。日本政府は中国・北朝鮮の軍事的脅威が高まっているとして、2013年に策定した「新防衛大綱」で「南西地域の防衛体制の強化、防衛力整備を優先する」ことを明記した。そしてこの方針に基づいて奄美大島、宮古島、石垣島などへの自衛隊配備を計画し、2016年には与那国島に約150名の沿岸監視部隊を配備した。石垣市にはミサイル部隊など約550名の配備が

7章 「場」としての石垣　*167*

計画されているが、2016年末には中山義隆市長が配備手続きの開始を表明した（朝日新聞、2017年3月27日）。ここでは自衛隊配備計画は、先島分島問題と同様に石垣社会がグローバルな政治環境の影響を直接受ける場であることを示していることを指摘しておきたい。

3.2 「移動」と「よそ者」

　人口についてのデータを見るときに目を引くのが人口増減の大きさである。図7-2で示した通り、人口増減が10%を超える局面が複数回存在している。しかも、統計データは移動の実態を十分に把握していない可能性が高い。特に近年は短期・中期の流入者や石垣とそれ以外の地域を行き来する「二地域居住」の増加が指摘され、こうした人々については住民票でも、国勢調査でも把握されていないことが指摘されている（石川2010）。ここでは統計が想定している人が1つの場所に一定期間居住するという想定を超えた人々の移動までもがあることが示されている。そしてこれは島が閉鎖的・停滞的であり、人の移動が見られないというしばしば抱きがちなイメージとは異なるものではないだろうか。

　近世以降の石垣を中心とする八重山は人々の移動により彩られてきたといっても過言ではない。その嚆矢となったのが近世寄人制度である。石垣は

1. 明治20年代の首里・那覇士族のシーナ原開墾
2. 明治20年代の中川虎之助の名蔵開墾
3. 明治期の糸満漁民の進出
4. 明治・大正期の大和・那覇寄留商人の進出
5. 大正期の本土カツオ漁業の進出
6. 西表炭坑の本土・台湾坑夫の進出
7. 昭和10年代の台湾人農業移民
8. 戦時下の沖縄振興計画による開南・川原・南風見開墾
9. 戦後の宮古・沖縄からの集団移民

表7-4　八重山の移民の歴史

出典:（三木2010. 23-24）より筆者作成

16世紀初頭以降琉球王府の支配下に置かれるが、1729年に王府の国相に就任した蔡温は財政基盤強化のために八重山開拓を計画して石垣島と西表島に、近隣の島々から強制移住（寄人）を実施した。この移住は蔡温の在任中の1711年から1752年に集中して実施されたが、移住先の多くはマラリア有病地域であり、移住者の多くはマラリアに罹患したため開拓された集落は次々と疲弊する。人口が減少すると補充がされ、また死者が増大するという悲惨な状況が続き、明治中期にはこうした集落の多くが廃村ないしはそれに近い状態だった（大浜1971、三木2010）。

　近代以降も政策的・計画的な移民が繰り返し実施されるが、三木健はこれを**表7-4**のように区分している（三木2010: 23-24）。このうち1、2、3、4、7は石垣島への移民の流入であり、5は八重山全体、8と9は西表と石垣への移民の流入であるが、流入の中心は石垣であった。こうした計画的移住は、国家政策・地域政策との強い関連の下に展開したものであるとともに、産業化や都市化に大きな影響を与えた。さらに1970年代の「離島ブーム」の時期には沖縄を含む離島への関心の高まりが見られ、1990年代後半から2000年代には半ばにかけては、マスメディアの影響や、沖縄サミットの開催の影響から再び「沖縄ブーム」が発生し、石垣もまた観光・移住の対象となった（奥野2009、仲村2016）。このような移住の重層化とも言うべき様相は、例えば「先住者を意味する『地元民』あるいは『元からいる人』という言葉は、その文脈に応じて指す対象を変える固定し得ないもの」（吉田2010: 75）という状況を生み出し、石垣を特徴づけるものとなっている。一方、1990年代以降の移住はそれまでの移住とは異なるタイプの移住が生まれていることが指摘されている。石垣を含む沖縄への1990年代以降の移住について検討した須藤直子は、この時期の移住は、新天地に就労の機会を求めるような従来の形態ではなく自発性や愛着という用語で説明される、主体的に居住地を選択するという特徴を持った「新しい移住の形」であると指摘している（須藤2010）。

　こうした移住者の増大と「場」としての石垣の関係を2節で指摘した常用雇用者の相対的な少なさという点から考えてみたい。1990年代以降の「新し

い移住の形」の移住者は経済的理由ではなく「生き方や自己の変化」を求めて移住する（須藤2010）。こうした移住者は、定着志向をもつよりも、自らのライフスタイルや生き方に適合する場を求めて移動している。こうした人々は「今日訪れ来て明日去りゆく放浪者としてではなく、むしろ今日訪ねて明日もとどまる者——いわば潜在的放浪者、旅は続けはしないにしても来訪と退去という離別を完全には克服してはいないもの」（ジンメル〔1908〕1994:（下）285）という意味での「よそ者」の性格を持つものと言える[6]。こうしたタイプの移住者の就業する場合には、雇用されて働く場合には雇用側、被雇用側にも入職／離職が柔軟に行うことが可能な、アルバイト等が好まれるだろう。また、こうした雇用の形態を取らない多様な働き方も模索される可能性も少なからずある。このような雇用されずに個人で行う多様な仕事は、統計上「雇人のない業主」に分類されることになるが、その比率の高さはこうした状況を反映しているものと見ることができる。このように考えると石垣の就業環境は、一面では「正規雇用」の比率の低さから不安定なものとみなせるが、その一方では多様な働きかたが存在しているとも言える。こうした労働・就業環境は「フレキシブル」と表現しうるが、それは柔軟性と不安定性という2つの側面を持っていることに注意が必要である。

3.3 「聖」なるものの遍在

　ここまでは、「距離」や「移動」に関わる論点について、統計データなどを手掛かりとしながら特性を検討してきた。しかし、データを手掛かりにすることのできない特性もある。その一つして、石垣の中で随所にみられる「聖」なるものの存在を検討しておきたい。

　石垣で数多く見かけるものの一つに御嶽がある。色川大吉によれば御嶽は「おがみ山、森、グスク、ウガン、スク、オンなどと呼ばれる聖地の総称」（色川1993: 162）であり、「村の平安や農作を祈る場であったり、神秘的な降火体験や降星を見た体験などから、聖地と定めて、村の繁栄を祈った場合もある。また竜宮の神に海の安全祈願や豊漁を祈ったウタキもある」（色川

1993: 161) という。こうした御嶽のあり方や、ここで行われる各種の行事は第二次大戦後の社会変動の中で大きく変化しており、例えば櫻井徳太郎は1960年代以降の都市化と過疎化の進展や観光産業の急激な発展など影響による御嶽を中心とした祭司制が動揺していることを明らかにしている (櫻井1997)。しかし、こうした変化の中でも色川は1989・90年に石垣を訪れた際の印象を「観光化の進展にも関わらず、ウタキ信仰は想像以上に保持されていたように思う。ただ祭りの主体が中高年層に移り、若年層の共同体離れ、御嶽離れが一段と進んでいるという実感を持たざるを得なかった」とし、また櫻井は、宮良村の事例を詳細に検討した結果「地域住民の御嶽・拝所に対する信仰が、それによって衰退したとは一概に言えない」(櫻井1997: 17) と指摘する。御嶽信仰の形態は変容しつつも、少なくとも近年に至るまで御嶽信仰が地域の中に根づいていたことを示す指摘である。

　石垣に見られる「聖」なるものは御嶽だけではない。例えば「ユタ」と呼ばれる人々がいる。ユタはシャーマンの一形態と考えられるが、ユタによって「病の治し」が近代（西洋）医学とは異なる位相で行われており、その存在が広く浸透しているとともに西洋医療と共存している (上野2015)。また、島内に多く残る井戸も象徴性を持ったものとして位置づけられており、石垣市が行っている「まちなか親水広場整備事業」でもこうした位置づけが反映されている (柿沼2016)。御嶽やユタ、井戸に表れる「聖」なるものの形態は多様であり、またそのあり方も時代によって大きく異なっている。しかし、石垣には近代的なものと「聖」なるものがなお共存し、人々の意識や生活の営みを規定している。こうしたことは統計データでは捉えきれないものの、「場」の重要な構成要素となっているのである。

4.石垣という場

　以上の検討からは、石垣という場が多様な側面を持っており、それは私たちの持つステレオタイプ的なイメージや統計データからは捉えきれない様相

があることを見てきた。

　このような地域の研究を行うことは、どのような意義を持つのだろうか。ひとつは、ユニークな存在としての石垣という社会を検討するモノグラフ的意義がある。そしてそれは、「沖縄」「離島」「辺境／フロンティア」「辺境の重層」など、日本社会の中の「特殊」な条件に規定された「場」として捉え、ここで生起する人々の生活の営みや出来事を描くことである。

　しかし、石垣を検討することによって問われるのは、これを「特殊」として位置づける視点そのものでもある。この点に関わって、谷川健一は次のように指摘している。

　　　都と辺境を現今の地図を元にして固定して考えるのはあやまっている。しかも文化が中央から地方へと一方的にながれる、といい得ないことはすでに述べた。中央から地方へむかう矢印を「中央の視座」と呼ぶならば、地方から中央へむかう「辺境の視座」が当然あるはずである。すなわち、本土の人間よりも沖縄の人間のほうがよく見える視座がある。沖縄の全体について言えば、その中においてさらに差別されている先島（宮古、八重山両群島）の民は、沖縄本島のみえない視座を持っている。（谷川1972: 32）

　谷川の視点は「辺境」としての先島を検討することが「中央の視座」を相対化させ、このことを通して社会認識のあり方そのものを問おうとするものである。しかし谷川は「何も首都の文化よりも辺境の文化がすぐれている、などといおうとしているのではない」（谷川1972: 33）と述べて、辺境をやみくもに称揚することを否定する。その上で「知識人の営為が自家中毒にかからないために、常に生活者としての庶民の存在を念頭におく必要がある。それと同じことが中央と地方、首都と辺境との倒立した関係においても言いうる」（谷川1972: 34）とする。ここでは先島のような場を「特殊」なものとして「一般」や「普遍」として捉えられるものから切り離すことが否定され、「中

央」により近い私たちのいる場を逆照射するものとして位置づけられているのである。

この指摘がされてすでに半世紀に近い時間が流れている。この間に日本も、沖縄も、石垣も大きく変容した。しかし、例えばグローバル化の進展の中では地理的な意味での辺境／フロンティアで発生していることがどのような地域でも起こりうることとなっている。また、グローバル化に関連して人々の移動の大規模化・日常化の進展も著しい。こうした中で「辺境の視座」が示唆するものはますます大きくなっている。

注

1　地方自治体としての石垣市には石垣島周辺の小島および尖閣諸島も含まれるが、これらの島々はすべて無人島であり、実質的には石垣島一つのが石垣市という1つの自治体の範囲となる。

2　産業別人口については近年「分類不能」「不詳」が急速に増大している。このため特に時系列データとして扱う際には、慎重さが必要となっている。石垣市の場合、2010年の「不詳」「分類不能」は合わせて10.0%という結果であり、このため、第1次産業、第2次産業、第3次産業とも比率が2005年よりも下がる状況となっているが、このことを考慮しても趨勢に変化はないと判断した。

3　ここでの失業率は、調査期間中に仕事をしていない人（完全失業者）を、15以上人口で除した比率である。

4　例えば武岡暢は、新宿・歌舞伎町について詳細に統計データを検証し、地域を描き出すのに不十分であることを示している。（武岡2017）。ここでは歓楽街という、統計データが想定しているのとは異なる様相を示す地域において、そのデータから地域特性を十分に取り出すことができないことが示されている。石垣は歓楽街とは異なるが、統計データの想定から外れた側面も認められると考えられるのである。

5　さらに言えば、この先島分島問題は近代国家体制における国境が絶対的ではないことを示す事例としても捉えられる。

6　引用文献では「よそ者」（原語はFremden）を「異郷人」と訳しているが、ここでは「よそもの」を用いる。なお、須藤直子は「よそもの」概念を用いて移住概念の検討を試みている（須藤2012）

参考文献

石川雄一, 2010,「石垣島における I ターンの動向と中高年 I ターン者の旧集落への移住」平岡昭利編『離島研究IV』海青社:83-97.

石塚昌家, 2000,『空白の沖縄社会史:戦果と密貿易の時代』晩聲社.

石堂徳一, 1995,「八重山の近現代と現状」『地理』40(9):32-37.

色川大吉, 1993,「御岳振興と祖先崇拝——八重山群島・石垣島の場合」『東京経済大学人文自然科学論集』94: 162-150.

上野彩, 2015,「石垣島に住む人々と石のユタに対する認識に関する事例報告」『1900kmの万華鏡』(立教大学社会学研究科2014年度プロジェクト研究E「地域コミュニティと環境」報告書): 1-26.

大浜信賢, 1971,『八重山の人頭税』三一書房.

奥野修司, 2009,『沖縄幻想』洋泉社.

柿沼拓弥, 2016,「歴史的環境を残すことの社会的意味:石垣島の井戸を事例として」立教大学大学院修士論文.

須藤直子, 2010,「新しい「移住」のかたち:1990年代以降の沖縄への移住を事例として」『早稲田大学大学院文学研究科紀要 第1分冊』56:63-80 (http://hdl.handle.net/2065/36878、最終閲覧2017年3月29日).

———, 2012, 変わりゆく移住の形式——よそ者 (stranger) 概念からみる「新しい移住」「ソシオロジカル・ペーパーズ」21:36-53(http://hdl.handle.net/2065/36114、最終閲覧2017年3月29日).

武岡暢, 2017,『生き延びる都市:新宿歌舞伎町の社会学』新曜社.

谷川健一, 1972,『孤島文化論』潮出版社.

堂前亮平, 1997,『沖縄の都市空間』古今書院.

中俣均、1995、「辺境性の重層:離島が語りかけるもの」『地理』40(9):62-66.

仲村清司, 2016,『消えゆく沖縄:移住生活20年の光と影』光文社.

ジンメル, G. (居安正訳),〔1908〕1994, 居安正訳,『社会学』(上)(下)、白水社.

松田良孝, 2004,『八重山の台湾人』南山舎.

———, 2015,「台湾と八重山」古川純編『八重山の社会と文化』南山舎:82-102.

柳澤誠, 2016,『沖縄現代史:米国統治、本土復帰から「オール沖縄」まで』中央公論新社.

吉田佳世, 2010,「村落(シマ)的世界を再考する:八重山群島石垣島・伊原間集落に置ける移住者と先住者の関係を巡って」『人文学報』423:71-102.

ウェブサイト

政府の統計窓口

http://www.e-stat.go.jp/SG1/estat/eStatTopPortal.do (最終閲覧2017年4月5日).

統計いしがき

http://www.city.ishigaki.okinawa.jp/home/kikakubu/kikaku/toukei.htm（最終閲覧
2017年4月5日）.

沖縄県統計資料ウェブサイト

http://www.pref.okinawa.jp/toukeika/（最終閲覧2017年4月5日）.

あとがき

高木恒一

　本書は立教大学大学院社会学研究科の教育プログラムである「プロジェクト研究」の成果である。このプロジェクトは正課の中に位置づけられたもので「大学院生と複数の教員が特定課題の研究プロジェクトに取り組み、計画の立案、調査の実施、結果の分析、報告書の作成というプロセスを経験する中で、社会学の研究能力を養成する教育プロジェクト」として2014年度にスタートしたものである（プログラムの詳細は社会学研究科ホームページhttp://socio.rikkyo.ac.jp/graduate/（2017年5月21日現在）を参照）。

　2014年度に設定された5つのプログラムのうちの1つとして設定されたのが「地域コミュニティと環境研究」（2014年度〜2016年度）である。このプログラムは先行して実施されていた石垣社会をフィールドとした大学院ゼミの成果と蓄積を踏まえたもので、以下の目的を設定した。

　　　日本国内の地域コミュニティを対象として、マクロな社会変動に対して地域社会がどのように対応しているのか、その社会的状況を質的な調査法を用いて明らかにしていく。プロジェクトでは主に、沖縄社会に対象を限定して、沖縄の観光開発が環境にどのような影響を与えてきているのかを調査する。地域コミュニティや家族に焦点を当て、地域社会学、環境社会学、家族社会学などの視点から、その社会過程を明らかにしていく。

　このプロジェクトを担当した教員は関礼子、高木恒一（以上社会学部教授）、家中茂（兼任講師、鳥取大学教授）、松村正治（兼任講師、恵泉女学園大学特任准教

授)の4名で、これに加えて小泉元宏(社会学部准教授)、門田岳久(観光学部助教)のお2人にスポット講師として参加いただいた。参加した大学院生は以下の通りである。

（博士前期課程）　上野彩　柳川高弘　柿沼拓弥　小松恵　松下雅明　落合
　　　　　　　　　志保　泊晋
（博士後期課程）　大野光子　廣本由香

　このプロジェクトでは石垣社会をフィールドとすることだけを決め事として、テーマの設定、調査企画の策定、実査などの一連の作業はすべて参加者個々人の自主性に任せるものとした。そして事前に調査テーマの検討や先行研究のレビュー、データ収集などを行ったうえで各年9月と3月にそれぞれ約1週間程度の現地調査期間を設定した。調査期間中、毎晩ホテルのロビーに教員と院生が集合して教員その日の成果の報告会を行い、内容を検討した。この場では教員からの厳しい指摘がされる一方で、想定を超えた人との出会いやヒアリング内容に驚きの声が上がる場面もしばしばあった。
　参加した大学院生は本格的な調査の経験もないままに、フィールドに放り込まれることとなった。当初は戸惑い、ときには途方にくれる姿も見られたが、やがて自らのテーマを見出し、少しずつ成果をあげるようになる。そしてヒアリングを積み重ねるとともに自信を持つようになり、報告書を執筆する段階になると見違えるほどに鮮烈な結果を出した。石垣社会とここに暮らす人々に鍛えていただいたのである。そしてまた、教員にとってはこうしたプロセスを共有したことはスリリングな体験だった。
　本書は主にプロジェクト最終年度に参加した大学院生と教員による成果であるが、本書に寄稿していない前期課程院生の多くは直接・間接にこのプロジェクトに参加した経験を踏まえた修士論文を書き上げている。また後期課程院生のなかでは、廣本がプロジェクトの成果を大きく取り込んだ博士論文に取り組んでいる。こうした点から、このプログラムが教育面では一定の成

あとがき　*177*

果を挙げたものと考えている。そして今回、その成果の一端を書籍として出版することとした。これは教育プログラムの成果を研究として問うことを意味する。石垣社会という「手強い」フィールドに、院生と教員がそれぞれ向き合った結果である本書の評価を待ちたいと思う。

　本プロジェクトの実施と本書の出版は多くの方々のご協力によって実現したものである。何よりもまず、調査に協力いただいた石垣の皆様に心より御礼を申し上げたいと思う。市民の皆様、市民団体、行政関係、学校・保育園、企業など、多岐にわたる場でお話を伺い、時には活動に参加・同行させていただくなど手厚い配慮をしていただいた。調査経験の乏しい大学院生たちにとっては、皆様から手厚い協力を暖かい励ましをいただいたことは何にもまして大きな経験となった。また、本プログラムを支えていただいた社会学研究科と担当事務部局である学部事務2課にも感謝の意を表する次第である。

　困難な状況のなかで本書の出版をお引き受けいただいた東信堂にも感謝申し上げたい。

事項索引

欧字

DDT	17, 19
NIABY（Not In Any Back Yard）	115
NIMBY（Not In My Back Yard）	100, 115

ア行

東運輸（東運輸株式会社）	72, 75
安全保障のジレンマ	99
生き抜いて	56
生き抜いていく（ための試み）	50, 55, 66
生き抜く	iv, 62
生きられる経験	28, 35
石垣市国民保護計画	115
石垣市風景づくり条例	136
石垣島自衛隊配備推進協議会	93
石垣島「ちむぐくる」（ちむぐくる）129-130, 132, 134, 139-146, 148-155
石垣島に軍事基地をつくらせない市民連絡会	94
石垣島への自衛隊配備を止める住民の会（止める会）	93, 94, 121
石垣島への自衛隊配備を求める決議	93, 96
石垣市民防災の日を定める条例	147
石垣らしさ	ii, iii
移住の重層化	168
移住ブーム	11, 20, 23
井戸	170
糸満門中会	80
上原商店	79, 87

カ行（右段）

海と島々のネットワーク	8, 12
エスニシティ	iv, 50, 53-56, 59, 62, 64-67
沖縄県農業開発公社	19
沖縄国際海洋博覧会	3
沖縄振興開発計画	107
沖縄戦強制疎開マラリア犠牲者援護会	17
沖縄なみ	22
沖縄農業	28, 35, 42, 44-46
沖縄ブーム	168
オキネシア	6-7, 21
於茂登岳	23, 29, 91, 101, 137
御嶽	137, 169

カ行

カード地区（カード）	56-57
外国人登録令	46, 52
開拓移民	8, 15, 36, 47, 66, 71, 74-75, 79, 88, 90, 116, 126, 166
開拓集落	28, 32, 40, 42
掛け	78-80, 83, 85, 87-88
かけはし交流	155
合衆国	ii-iii, 3, 8, 11, 25, 47, 100, 126
観光クルーズ船	61
帰化（大量帰化）	iv, 42, 51-52, 55, 57-59, 63, 65
技術導入	52-54, 62-64, 67
境界	ii, iv, 5, 21, 47, 49, 53-54, 66-67, 150
強制移住	iii, 8, 11-14, 168
共同売店	iv, 69-73, 76, 78-90
近世寄人制度	167
空港問題を考える市民の会	104, 108, 126

索　引　*179*

国頭マージ　　　　　　　　　29, 43
蔵元　　　　　　　　　　　　158
計画移住政策　　　　　　　　100
計画移民　　iv, 9, 18, 19, 32, 100
系譜学的なアプローチ　　100, 103
原初的アプローチ　　53-54, 59, 65, 67
原初的紐帯　　　　　　54, 59, 65
公民権　　　　　　　　　　36, 42
国際自然保護連合（IUCN）　105
弧の思想　　　　　　iii, 3-5, 21
コミュニティスケール　114-116, 120

サ行

自衛隊配備問題（自衛隊配備計画）
　　　　　4, 22, 91, 102-104, 113-114,
　　　　　116, 119-120, 122, 166-167
四箇（四箇字）　ii, 8, 15, 50, 110, 124,
　　　　　158
資源　ii, iv, 17, 24, 27-28, 30, 44-46, 47,
　　　　　54-55, 91, 121, 129, 140, 166
自主避難者　　129, 132-134, 140, 142,
　　　　　145, 152
自然の本源的優越性　　　　22, 25
自治としての自然保護　　　　20
島々と海の総体　　　　　　7-8, 12
島の未来を考える島民会議（島民会議）
　　　　　133-134, 137, 139
自由移民　9, 18-19, 23, 32, 38-39, 47
十八番街　　　　　　　　　　61
植民地解放　　　　　　　52-53, 56
植民地統治　　　　　　　51, 100
白保の将来を考える会　　　　105
新石垣空港（南ぬ島石垣空港）　ii,
　　iii, v, 20, 26, 80, 91-92, 104-106, 108,
　　112-114, 117-118, 126-127, 135
新石垣空港建設位置検討委員会　105
新石垣空港建設促進協議会（促進協）
　　　　　104-106, 111

新石垣空港建設問題（新石垣空港問題）
　　v, 20, 92, 104, 106, 113-114, 117-118,
　　　　　126
新石垣空港早期実現協議会（実現協）
　　　　　106, 111
人頭税　　iii, 8, 11-12, 14-15, 21-22, 24,
　　　　　173
スケール（地理的スケール）　v, 98, 99,
　　　　　103, 114, 120, 127
住めば故郷　　　　　　　　　64
生活世界　　　　　　27, 92, 179
制度外避難者　　　　　　　　132
制度化された避難者　　　129, 132
戦争マラリア　　4, 15-17, 26, 101
咀嚼　　v, 129-130, 136, 146, 150

タ行

大同拓殖株式会社　　9, 32, 35, 52
大日本製糖　　　　　　　　　37
台湾移民　　　　　27, 32, 34, 100
台湾系　　　　iv, 49-51, 53-66, 68
台湾合同鳳梨株式会社　　　　31
嵩田植物園　　　　　　　　　34
嵩田地区　39, 49-51, 53-54, 56, 65-67,
　　　　　100
地域化　　　　iv, 27-28, 44-45
地域主義　21, 116-118, 121, 126
地政学を超えた系譜学　　　　100
中央の視座　　　　　　　　　171
ちゅらさん　　　　　　　　　8
定期貨物船　　　　　　　60-62
出稼ぎ　　　　8, 19, 72, 166
東京電力原子力事故により被災した子ど
　　もをはじめとする住民等の生活を守り
　　支えるための被災者の生活支援等に関
　　する施策の推進に関する法律（子ども・
　　被災者生活支援法）　145, 154
東北地方太平洋沖地震被災者の受入方針

（沖縄県受入方針）　131-132, 153
東洋製罐株式会社　31
土地公祭　53-55, 58, 67-68

ナ行

名蔵・嵩田地区（名蔵・嵩田地域）　iv,
27-29, 30, 32-33, 35, 44-45, 49-51,
53-54, 56, 65, 67
ナショナルスケール　98, 120
南西諸島物資　41
二地域居住　167
日本共産党八重山郡委員会　102

ハ行

パインアップル産業振興法　41
パイン産業（パイン缶詰産業）　iv, 28,
30-31, 41-42, 45, 47, 49, 50, 53-57, 59,
63, 65-66, 100
パインショック　39
パインブーム　41, 49
運び屋　iv, 60-62, 65
働きかけ　iv, 27-28, 42-43, 45
東日本大震災支援協力会議（県民会議）
131
被災者・避難者支援ネットワーク　23
非自発的な自主避難　144, 155
標的の島　107-109, 120, 124-125
『標的の島―風かたか』　109
フロンティア　ii, 165-166, 171-172
文化的シンボル　54-55, 59, 62, 64-65, 67
分島問題（先島分島問題）　4, 166-167,
172
辺境　165-166, 171-173
辺境の視座　v, 171, 172
本土なみ　22
本土復帰（沖縄返還）　49, 51-52, 61, 63,
126, 138, 159, 173

マ行

まちなか親水広場整備事業　170
マラリア　iii, 4, 12-21, 24-26, 35, 51, 73,
89, 101, 107, 168
三田商会　75
密貿易　80, 166, 173
無国籍　41
明和大津波（明和の大津波）　iii, 12-15,
21, 25, 26, 146-147, 155
モノカルチャー　iv, 41-42, 45

ヤ行

ヤイマネシア　7, 21-22
八重盛 48 の会　155
八重山開墾規則　8, 15, 52
八重山開拓移住計画　72
八重山農林高校　41
八重山ビジュルー　136, 151-152
八重山平和祈念館　17, 24
八重山防衛協会　93
ヤポネシア　5-7, 21, 26
闇船　52-53, 56
ゆいまーる（ゆい）　iv, 76-78, 148-150
ユタ　170, 173
よそ者　135, 173

ラ行

ライフヒストリー　iv, 27-28, 32, 106,
110, 116
リゾート開発　19, 20, 26
離島ブーム　8, 168
琉球華僑総会八重山分会　67
琉球缶詰株式会社　39
琉球弧　5-7, 21, 23, 25-26, 70, 91,
156-157
琉球弧の住民運動　6, 25, 156
リュウキュウネシア　23

索　引　181

廖農場	38-39
ローカルスケール	98-100, 120

人名索引

ア行

新垣重雄	135-137, 139-140, 150
石原俊	99-100
稲嶺惠一	106-112
宇井純	135
上原秀政	102
浦内克雄	146-152, 154-155
瓜生文（うりゅう）	154
大城満栄	39
太田昌秀	105, 106
大濱長照	111, 137
岡本太郎	22
翁長雄志	120

カ行

ギアーツ．C	67
熊本博之	123
グレイザー．N	67

サ行

蔡温	14, 168
崎山直	7
佐藤仁	27
島田長政	iv, 27, 32-45
島尾敏雄	5, 21
ジンマーマン．E	27
謝元徳	32
誉益候	32
須藤直子	168, 172

タ行

谷川健一	5, 171

玉野井芳郎	117-118, 121
俵万智	23
坪田圭司	74-75, 87, 89

ナ行

仲井眞弘多	131
中山義隆	92-94, 102, 167
野入直美	53

ハ行

バルト．F	53
本郷義明	49

マ行

前大用裕（まえお）	134
牧野清	14
三上智恵	109
三木健	6, 21, 75, 135, 137, 168
三木義行	74
宮城能彦	71
モイニハン．D	67
森田真也	51, 53-55

ヤ行

柳澤協二	124
山口忠次郎	74
山里節子	106-109

ラ行

廖見福	35
林発	32, 39

ワ行

若宮健嗣　　　　　　　　　92

執筆者紹介

関　礼子（せき　れいこ）　はじめに、1章、6章　奥付参照

高木　恒一（たかぎ　こういち）　7章、あとがき　奥付参照

松村　正治（まつむら　まさはる）　5章
恵泉女学園大学准教授
1969年、東京都生まれ。専門は環境社会学、公共社会学。研究テーマは、地域環境ガバナンス、都市近郊の里山保全、国境離島の平和と自治など。主要著作に『沖縄列島―シマの自然と伝統のゆくえ（島の生活世界と開発 3）』（松井健編、2004年、東京大学出版会）、『みどりの市民参加―森と社会の未来をひらく』（木平勇吉編、2010年、日本林業調査会）、『生物多様性を保全する（シリーズ環境政策の新地平 4）』（大沼あゆみ・栗山浩一編、2015年、岩波書店）『どうすれば環境保全はうまくいくのか―現場から考える「順応的ガバナンス」の進め方』（宮内泰介編、2017年、新泉社）など。

廣本　由香（ひろもと　ゆか）　2章、6章
立教大学大学院社会学研究科博士後期課程
1988年、東京生まれ。福島原発事故の被害論、パイナップルの社会史が研究テーマ。
『鳥栖のつむぎ―もうひとつの震災ユートピア』（関礼子・廣本由香編、2014年、新泉社）、「福島原発事故をめぐる自主避難の〈ゆらぎ〉」（『社会学評論』第67巻第3号、2017）

小松　恵（こまつ　めぐみ）　3章
立教大学大学院社会学研究科研修生 北海道生まれ。立教大学大学院社会学研究科博士課程 前期課程修了。主要業績は修士論文「在日朝鮮人1世女性のアイデンティティの再検討―地域における生活の積み重ねへの意味づけに着目して―」。

落合　志保（おちあい　しほ）　4章
立教大学大学院社会学研究科博士前期課程修了。
埼玉県生まれ。森林ボランティア、人びとの共同・協働に関心を持ち、現在、博士論文執筆中。

編著者紹介

関　礼子（せき　れいこ）

立教大学社会学部教授

1966 年、北海道生まれ。博士（社会学）。専門は環境社会学、地域環境論。研究テーマは公害・環境問題、自然と人間のかかわり、自然環境の保護と観光、福島原発事故の被害論など。主要著作に『開発と環境の文化学』（松井健編、2002 年、榕樹書林）、『"生きる"時間のパラダイム―被災現地から描く原発事故後の世界』（関礼子編、2015 年、日本評論社）、『戦争社会学―理論・大衆社会・表象文化』（好井裕明・関礼子編、2016 年、明石書店）、『阿賀の記憶、阿賀からの語り―語り部たちの新潟水俣病』（関礼子ゼミナール編、2016 年、新泉社）『被災と避難の社会学』（関礼子編、2018、東信堂）など。

高木　恒一（たかぎ　こういち）

立教大学社会学部教授

1963 年、東京生まれ。博士（社会学）。専門は都市社会学。研究テーマは住宅政策を中心とした都市政策・地域政策、社会 - 空間構造分析など。主要著作に『新編東京圏の社会地図 1975-90』（倉沢進・浅川達人編、東京大学出版会）、『都市住宅政策と社会–空間構造―東京圏を事例として』（2012 年、立教大学出版会）、『都市社会学・入門』（松本康編、2014 年、有斐閣）、『都市社会構造論』（森岡清志・北川由紀彦編、2018 年、放送大学教育振興会）など。

多層性とダイナミズム──沖縄・石垣島の社会学

2018 年 3 月 25 日　　初　版第 1 刷発行　　　　　　　　〔検印省略〕
　　　　　　　　　　　　　　　　　　　　　　　定価はカバーに表示してあります。

編著者ⓒ関　礼子・高木　恒一／発行者 下田勝司　　　印刷・製本／中央精版印刷

東京都文京区向丘 1-20-6　　郵便振替 00110-6-37828　　　　　発 行 所
〒 113-0023　TEL (03) 3818-5521　FAX (03) 3818-5514　　株式会社 東信堂

Published by TOSHINDO PUBLISHING CO., LTD.
1-20-6, Mukougaoka, Bunkyo-ku, Tokyo, 113-0023, Japan
E-mail : tk203444@fsinet.or.jp http://www.toshindo-pub.com

ISBN978-4-7989-1479-4 C3036　　ⓒ Seki reiko, Takagi koichi

東信堂

放射能汚染はなぜくりかえされるのか—地域の経験をつなぐ
藤川賢・除本理史編著 ……… 二〇〇〇円

原発災害と地元コミュニティ—福島県川内村奮闘記
鳥越皓之編著 ……… 三六〇〇円

東京は世界最悪の災害危険都市—日本の主要都市の自然災害リスク
水谷武司 ……… 二八〇〇円

故郷喪失と再生への時間—新潟県への原発避難と支援の社会学
松井克浩 ……… 三二〇〇円

被災と避難の社会学
関礼子編著 ……… 二三〇〇円

多層性とダイナミズム—沖縄・石垣島の社会学
高木恒一・関礼子編著 ……… 二四〇〇円

豊田とトヨタ—産業グローバル化先進地域の現在
丹辺宣彦・山口博史編著 ……… 四六〇〇円

社会階層と集団形成の変容—集合行為と「物象化」のメカニズム
丹辺宣彦 ……… 六五〇〇円

（アーバン・ソーシャル・プランニングを考える・全2巻）

都市社会計画の思想と展開
橋本和孝・藤田直樹・吉原直樹編著 ……… 二三〇〇円

世界の都市社会計画—グローバル時代の都市社会計画
橋本和孝・藤田直樹・吉原直樹編著 ……… 二三〇〇円

（現代社会学叢書より）

現代大都市社会論—分極化する都市？
園部雅久 ……… 三八〇〇円

インナーシティのコミュニティ形成—神戸市真野住民のまちづくり
今野裕昭 ……… 五四〇〇円

【地域社会学講座 全3巻】

地域社会学の視座と方法
似田貝香門監修 ……… 二五〇〇円

グローバリゼーション/ポスト・モダンと地域社会
古城利明監修 ……… 二五〇〇円

地域社会の政策とガバナンス
矢澤澄子監修 ……… 二七〇〇円

【シリーズ防災を考える・全6巻】

防災の社会学〔第二版〕—防災コミュニティの社会設計へ向けて
吉原直樹編 ……… 三八〇〇円

防災の心理学—ほんとうの安心とは何か
仁平義明編 ……… 三〇〇〇円

防災の法と仕組み
生田長人編 ……… 三〇〇〇円

防災教育の展開
今村文彦編 ……… 三二〇〇円

防災と都市・地域計画
増田聡編 ……… 続刊

防災の歴史と文化
平川新編 ……… 続刊

〒113-0023　東京都文京区向丘1-20-6　　TEL 03-3818-5521　FAX03-3818-5514　振替 00110-6-37828
Email tk203444@fsinet.or.jp　URL:http://www.toshindo-pub.com/
※定価：表示価格（本体）＋税

東信堂

北欧サーミの復権と現状【先住民族の社会学1】―ノルウェー・スウェーデン・フィンランドを対象にして	小内 透編著	三六〇〇円
現代アイヌの生活と地域住民【先住民族の社会学2】―札幌市・むかわ町・新ひだか町・伊達市・白糠町を対象にして	小内 透編著	三六〇〇円
白老における「アイヌ民族」の変容―イオマンテにみる神官機能の系譜	西谷内博美	二八〇〇円
開発援助の介入論―インドの河川浄化政策に見る国境と文化を越える困難	西谷内博美	四六〇〇円
資源問題の正義―コンゴの紛争資源問題と消費者の責任	華井和代	三九〇〇円
海外日本人社会とメディア・ネットワーク―バリ日本人社会を事例として	松本行真編著	四六〇〇円
移動の時代を生きる―人・権力・コミュニティ	吉原直樹監修	三二〇〇円
国際社会学の射程　国際社会学ブックレット1	吉原直樹監修	三二〇〇円
国際移動と移民政策―日韓の事例と多文化主義再考　国際社会学ブックレット2	山本かほり編著	一二〇〇円
トランスナショナリズムと社会のイノベーション―国際社会学と社会学をめぐるグローバル・ダイアログ　国際社会学ブックレット3	有田伸・芝真里編訳	一〇〇〇円
越境する国際社会学とコスモポリタン的志向	西原和久	一三〇〇円
現代日本の地域分化―センサス等の市町村別集計に見る地域変動のダイナミックス	蓮見音彦	三八〇〇円
現代日本の地域格差―二〇一〇年・全国の市町村の経済的・社会的ちらばり	蓮見音彦	二三〇〇円
「むつ小川原開発・核燃料サイクル施設問題」研究資料集	舩橋晴俊・金山行孝・茅野恒秀編著	一八〇〇〇円
新版 新潟水俣病問題―加害と被害の社会学	飯島伸子・舩橋晴俊編	三八〇〇円
新潟水俣病問題をめぐる制度・表象・地域	関 礼子	五六〇〇円
新潟水俣病問題の受容と克服	堀田恭子	四八〇〇円
公害・環境問題の放置構造と解決過程	藤川賢・堀畑まなみ・渡辺伸一著	三八〇〇円
公害被害放置の社会学―イタイイタイ病・カドミウム問題の歴史と現在	飯島伸子・渡辺伸一・藤川賢著	三六〇〇円
自立支援の実践知―阪神・淡路大震災と共同・市民社会	似田貝香門編	三八〇〇円
[改訂版]ボランティア活動の論理―ボランタリズムとサブシステンス	西山志保	三六〇〇円
自立と支援の社会学―阪神大震災とボランティア	佐藤 恵	三三〇〇円

〒113-0023　東京都文京区向丘1-20-6
TEL 03-3818-5521　FAX 03-3818-5514　振替 00110-6-37828
Email tk203444@fsinet.or.jp　URL:http://www.toshindo-pub.com/

※定価：表示価格（本体）＋税

東信堂

（シリーズ 社会学のアクチュアリティ：批判と創造 全12巻）

クリティークとしての社会学——現代を批判的に見る眼　宇都宮京子編　一八〇〇円

都市社会とリスク——豊かな生活をもとめて　浦野正樹編　二〇〇〇円

言説分析の可能性——社会学的方法の迷宮から　佐藤俊樹編　二三〇〇円

グローバル化とアジア社会——ポストコロニアルの地平　吉原直樹編　二三〇〇円

公共政策の社会学——社会的現実との格闘　三重野卓編　二三〇〇円

社会学のアリーナ——21世紀社会を読み解く　友枝敏雄編　二三〇〇円

モダニティと空間の物語——社会学のフロンティア　厚東洋輔・新原道信編　三二〇〇円

戦後日本社会学のリアリティ——せめぎあうパラダイム　斉藤日出治・池岡義孝・西原和久編　二六〇〇円

〔地域社会学講座 全3巻〕

地域社会学の視座と方法　似田貝香門監修　二五〇〇円

グローバリゼーション／ポスト・モダンと地域社会　古城利明監修　二五〇〇円

地域社会の政策とガバナンス　矢澤澄子・岩崎信彦監修　二七〇〇円

〔シリーズ世界の社会学・日本の社会学〕

タルコット・パーソンズ——最後の近代主義者　中野秀一郎　一八〇〇円

ゲオルグ・ジンメル——現代分化社会における個人と社会　居安正　一八〇〇円

ジョージ・H・ミード——社会的自我論の展開　船津衛　一八〇〇円

アラン・トゥーレーヌ——現代社会のゆくえと新しい社会運動　杉山光信　一八〇〇円

アルフレッド・シュッツ——主観的時間と社会的空間　森元孝　一八〇〇円

エミール・デュルケム——社会の道徳性　中島道男　一八〇〇円

フェルディナンド・テンニエス——ゲマインシャフトとゲゼルシャフト　岩城完之　一八〇〇円

カール・マンハイム——時代を診断する亡命者　澤井敦　一八〇〇円

ロバート・リンド——アメリカ文化の内省的批判者　吉田浩　一八〇〇円

アントニオ・グラムシ——『獄中ノート』と批判社会学の生成　園部雅久　一八〇〇円

費孝通——民族自省の社会学　鈴木富久　一八〇〇円

奥井復太郎——都市社会学と生活論の創始者　佐々木交賢　一八〇〇円

新明正道——綜合社会学の探究　藤田弘夫　一八〇〇円

米田庄太郎——新総合社会学の探究　山本鎮雄　一八〇〇円

高田保馬——理論と政策の無媒介的統一　北島滋　一八〇〇円

戸田貞三——家族と社会学の統一・実証社会学の統一　川合隆男　一八〇〇円

福武直——民主化と社会学の軌跡・現実化を推進　蓮見音彦　一八〇〇円

〒113-0023　東京都文京区向丘1-20-6
TEL 03-3818-5521　FAX 03-3818-5514　振替 00110-6-37828
Email tk203444@fsinet.or.jp　URL・http://www.toshindo-pub.com/

※定価：表示価格（本体）＋税